Irfan Ahmad
Manzoor Khan

Reconhecimento da mão utilizando a geometria da palma e da mão Caraterísticas

Irfan Ahmad
Manzoor Khan

Reconhecimento da mão utilizando a geometria da palma e da mão Caraterísticas

ScienciaScripts

Imprint

Any brand names and product names mentioned in this book are subject to trademark, brand or patent protection and are trademarks or registered trademarks of their respective holders. The use of brand names, product names, common names, trade names, product descriptions etc. even without a particular marking in this work is in no way to be construed to mean that such names may be regarded as unrestricted in respect of trademark and brand protection legislation and could thus be used by anyone.

Cover image: www.ingimage.com

This book is a translation from the original published under ISBN 978-620-2-08141-2.

Publisher:
Sciencia Scripts
is a trademark of
Dodo Books Indian Ocean Ltd. and OmniScriptum S.R.L publishing group

120 High Road, East Finchley, London, N2 9ED, United Kingdom
Str. Armeneasca 28/1, office 1, Chisinau MD-2012, Republic of Moldova, Europe
Printed at: see last page
ISBN: 978-620-8-10278-4

ÍNDICE DE CONTEÚDOS

1. INTRODUÇÃO

Neste capítulo, é feita uma breve introdução à biometria, às suas caraterísticas e elementos básicos. São também explicados os componentes do sistema biométrico, os modos de operação e o funcionamento do sistema biométrico. As diferentes tecnologias biométricas atualmente utilizadas são discutidas com as suas vantagens e desvantagens. Os objectivos e a organização da tese também fazem parte deste capítulo.

1.1 Biometria

A verificação da identidade de uma pessoa através das suas caraterísticas físicas ou comportamentais é conhecida como biométrica. Nos sistemas de autenticação tradicionais, uma pessoa tem de se lembrar de várias palavras-passe, números de PIN, números de conta, etc. Estes números de autenticação tradicionais podem ser facilmente quebrados, adivinhados e esquecidos. A autenticação biométrica é a melhor solução para resolver estes problemas. A biometria, que diz respeito às propriedades fisiológicas pessoais distintivas, consistentes e seguras, como as impressões digitais, as caraterísticas faciais, a impressão da palma da mão, a retina e a geometria da mão, ou algumas caraterísticas de comportamento, como a fala e a caligrafia, está a tornar-se a fonte mais perfeita de identificação pessoal automatizada [1].

O sistema biométrico é uma tecnologia emergente para a identificação pessoal. O reconhecimento biométrico é uma tecnologia em ascensão que pode reduzir os problemas de segurança em LAN e WAN. Um utilizador pode aceder facilmente à sua conta utilizando a sua caraterística biométrica. Atualmente, os sistemas de autenticação e verificação baseados na impressão da palma da mão têm merecido maior atenção por parte dos investigadores. A palma da mão é a superfície interior da mão, entre o pulso e os dedos. A impressão da palma da mão é definida como as impressões da palma da mão, que são geralmente compostas por linhas principais, rugas e sulcos. A impressão digital é utilizada como uma caraterística biométrica popular, enquanto os sistemas de reconhecimento da íris são o sistema mais fiável [2]. No entanto, a extração de caraterísticas é muito difícil a partir de impressões digitais pouco nítidas e os dispositivos de leitura da íris são muito dispendiosos.

O sistema de verificação pessoal da impressão da palma da mão tem várias vantagens únicas, como uma textura rica, uma linha estável, dispositivos de digitalização menos dispendiosos e extração de imagens de baixa resolução, etc. Cada palma é constituída por linhas principais claras, rugas e sulcos. Normalmente, a palma da mão é constituída por três linhas principais que são estáveis e facilmente observáveis. As rugas são, na sua maioria, muito mais claras do que as linhas principais e têm uma forma irregular. A palma da mão também é constituída por sulcos que são muito difíceis de observar em imagens de baixa resolução. As linhas da palma da mão, também conhecidas como linhas principais, são estáveis e fiáveis para a autenticação pessoal e podem ser captadas a partir de uma imagem de impressão da palma da mão de baixa resolução [3].

A autenticação biométrica consiste em duas fases: na primeira fase, é criada uma base de dados de utilizadores onde são armazenadas as amostras biométricas dos utilizadores e, na segunda fase, é efectuada a correspondência entre a base de dados e as amostras biométricas captadas.

1.2   Necessidade de biometria

A biometria oferece algumas vantagens únicas para a identificação de seres humanos. As palavras-passe podem ser pirateadas, partilhadas ou esquecidas, enquanto as fichas, os cartões de identificação ou as chaves físicas podem ser perdidos, roubados ou duplicados. A biometria é a forma mais fiável, segura, fácil e económica de autenticação. Existem várias biometrias utilizadas para a autenticação, cada uma com algumas vantagens e desvantagens. Diferentes biometrias adaptam-se a diferentes situações. Os dados biométricos mais utilizados para a autenticação pessoal são as impressões digitais, as impressões palmares, a geometria da mão, o reconhecimento da íris, o reconhecimento facial e a retina.

A principal caraterística do sistema baseado na impressão da palma da mão e na geometria da mão é o facto de ser de fácil utilização. O processo é rápido e fácil de implementar. Não são necessários conhecimentos técnicos para o funcionamento do sistema. Nesta era de computação global, a autenticação biométrica é utilizada para várias aplicações.

1.3   Aplicação da autenticação biométrica

Nos últimos anos, a autenticação biométrica aumentou significativamente e espera-se que, num futuro próximo, utilizemos a autenticação biométrica muitas vezes nas nossas acções diárias, como abrir as portas do carro, abrir a porta de casa, aceder à nossa conta bancária pessoal, fazer transacções de comércio eletrónico, aceder aos nossos aparelhos como PDA, telemóveis, computadores portáteis, etc. A aplicação biométrica pode ser utilizada especialmente na aplicação da lei, em gabinetes governamentais, escritórios comerciais, centros de saúde, viagens e sistemas de imigração. Por outro lado, algumas utilizações são comuns a estes conjuntos, como o acesso físico, o acesso ao PC/rede, o tempo e a assiduidade, etc.

1.4   Funcionamento dos sistemas biométricos

Os sistemas biométricos são sistemas de reconhecimento que utilizam diferentes dispositivos de aquisição para diferentes objectivos de aquisição. Os scanners ou as câmaras são utilizados para a aquisição de impressões digitais, impressões palmares, geometria da mão e íris. O microfone ou as placas são utilizados para a aquisição da voz ou da assinatura. Na figura 1 é apresentado o diagrama de blocos de um sistema biométrico.

Fase de inscrição

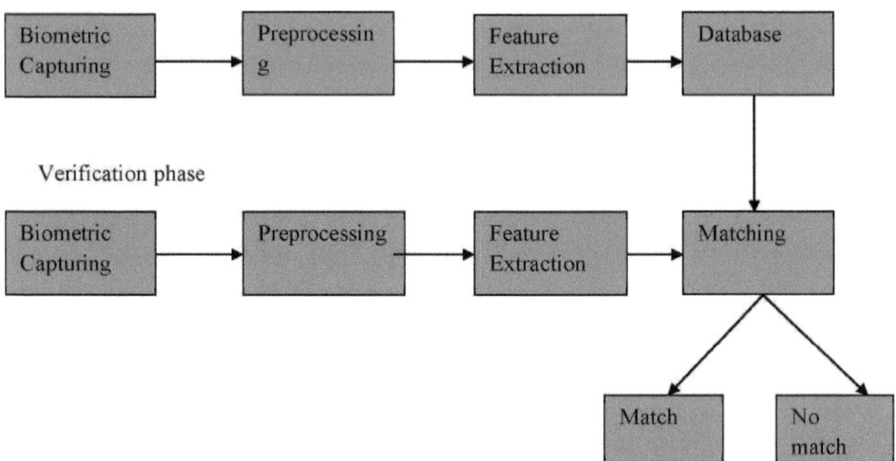

Figura 1.1: Diagrama de blocos do sistema biométrico

Os dados biométricos captados passam por diferentes etapas de pré-processamento e de extração de caraterísticas para aceder a caraterísticas biométricas únicas a partir dos dados biométricos captados. Estas caraterísticas biométricas únicas são depois armazenadas numa base de dados. Estas caraterísticas são depois comparadas com a biometria do utilizador quando é necessário o reconhecimento. Os sistemas biométricos são compostos por hardware e software. O hardware é necessário para a aquisição de imagens e o software gere o hardware e o modo de funcionamento do sistema. Para os diferentes sistemas biométricos são utilizados diferentes tipos de software e hardware.

1.5 Modos de funcionamento

Existem dois métodos através dos quais um sistema biométrico pode efetuar a autenticação: a verificação e a identificação [4].

1.5.1 Verificação

O modo de verificação consiste basicamente na comparação/comparação um a um (1:1) de uma biometria de consulta com um modelo armazenado para verificar se a pessoa testada é real ou impostora. Na verificação, o utilizador introduz a sua identificação, o seu número de código ou o seu cartão de identificação e, em seguida, introduz o seu modelo biométrico para verificar a sua autenticação. A verificação é sobretudo utilizada no controlo de acesso, em que uma pessoa já está registada, mas a sua autenticação é verificada para aceder a determinados privilégios.

15.2 Identificação

A identificação é também designada por comparação um-para-muitos (1:M) da biometria consultada com uma base de dados, a fim de reconhecer um indivíduo desconhecido. No processo de identificação, o sistema verifica se a pessoa é conhecida do sistema ou não, comparando a biometria extraída com a base de dados.

1.6 Normas biométricas pessoais

Qualquer traço físico ou comportamental humano pode ser utilizado como traço biométrico, desde que apresente as seguintes propriedades [5].

    i.   Universalidade
    ii.   Singularidade
    iii.   Permanência
    iv.   Coleccionabilidade

1.6.1 Universalidade

A universalidade significa que todos devem ter as mesmas caraterísticas.

1.6.2 Singularidade

Esta propriedade garante que não existem duas pessoas com os mesmos dados biométricos.

1.6.3 Permanência

A biometria deve mudar com o tempo. Alguns dados biométricos mudam com o tempo, sendo reinscritos no sistema periodicamente.

1.6.4 Coleccionabilidade

A aquisição do elemento biométrico deve ser fácil, fiável, robusta e rentável.

1.7 Critérios a nível do sistema biométrico

Os critérios que se seguem são fundamentais para a atribuição de um determinado sistema biométrico a uma aplicação específica.

I. **Desempenho**

II. **Circunvenção**

III. **Aceitabilidade**

1.7.1 Desempenho

O desempenho apresenta a precisão, os recursos e as condições ambientais essenciais para a obtenção dos resultados desejados.

1.7.2 Circunvenção

A evasão mostra a inteligência do sistema, ou seja, é difícil enganar o sistema com informações falsas.

1.7.3 Aceitabilidade

A aceitabilidade refere-se à grande aceitação do sistema biométrico pelo utilizador. Alguns sistemas biométricos não são muito bem aceites pelo utilizador, como o sistema de reconhecimento da íris.

1.8 Elementos básicos do sistema biométrico

Seguem-se alguns elementos básicos de todos os sistemas biométricos. As questões relacionadas com cada elemento de todos os sistemas biométricos são explicadas a seguir.

i. **Inscrição**

ii. **Modelo biométrico**

iii. **Correspondência**

1.8.1 Inscrição

O registo é a primeira etapa de todos os sistemas biométricos. Na fase de registo, o utilizador introduz o seu modelo biométrico, que é utilizado para comparação e reconhecimento. Inicialmente, pede-se aos utilizadores que introduzam vários modelos biométricos e, em seguida, seleciona-se o modelo de melhor qualidade para o registo. A maior parte dos sistemas biométricos está ligada às identidades dos utilizadores, como o nome, o número do cartão de cidadão, o número do passaporte, etc. Nestes casos, o utilizador começa por introduzir as suas identidades e, em seguida, o modelo biométrico para se autenticar. As caraterísticas da biometria apresentada são então calculadas, codificadas e armazenadas para comparação futura.

A dimensão do sistema biométrico varia consoante o tipo de tecnologia biométrica. Os modelos biométricos são depois armazenados em bases de dados, cartões inteligentes ou fichas.

1.8.2 Modelo biométrico

Após a fase de registo, os dados registados são armazenados como um modelo no sistema biométrico. O sistema biométrico extrai diferentes caraterísticas dos dados biométricos registados e estas caraterísticas são depois armazenadas como um modelo na base de dados. Os modelos são, na sua maioria, representações numéricas dos dados da caraterística biométrica da pessoa. Os modelos têm, na sua maioria, um tamanho reduzido em comparação com a imagem original, o que permite um armazenamento e processamento rápidos. Estes modelos são depois comparados com a imagem registada para efeitos de autenticação. É impossível criar dois modelos iguais a partir de duas imagens diferentes.

1.8.3 Correspondência

A correspondência é o processo de comparação de uma ou mais amostras biométricas extraídas com modelos armazenados para determinar se correspondem ou não. Após a comparação da imagem da amostra com o modelo, é gerado um valor numérico, que é comparado com um limiar predefinido para decidir se o utilizador é genuíno ou falso.

1.9 Medida de desempenho biométrico

A eficiência de uma biometria pode ser medida através de vários termos padrão que são explicados de seguida [6].

i.   Taxa de falsa aceitação (FAR)
ii. Taxa de falsa rejeição (FRR)
iii. Taxa de erro igual (ERR)

1.9.1 Taxa de falsa aceitação (FAR)

FAR significa o número de vezes que o sistema aceita utilizadores falsos ou falsos. É o número de utilizadores falsos (não registados) aprovados pelo sistema como utilizadores genuínos, em relação ao número total de tentativas efectuadas. É também designado por erro de tipo 2. O FAR é calculado por

$$FAR = \text{Número de falsas aceitações} / \text{Número total de tentativas} \quad (1,1)$$

1.9.2 Taxa de falsa rejeição

FRR é o número de vezes que o sistema rejeita utilizadores autorizados como utilizadores falsos. É também designado por erro de tipo 1. A FRR é medida quando um utilizador genuíno é rejeitado pelo sistema. A FRR é calculada por

$$\text{FRR} = \text{Número de falsas rejeições} / \text{Número total de tentativas} \qquad (1,2)$$

1.9.3 Taxa de erro igual

O ponto em que FAR e FRR são semelhantes é conhecido como Equal Error Rate (taxa de erro igual). A ERR mostra a exatidão do dispositivo, quanto mais baixa for a ERR, melhor é o sistema. A ERR depende do valor de FAR e FRR. Na figura 1.2, a taxa de erro igual é medida a partir de FAR e FRR.

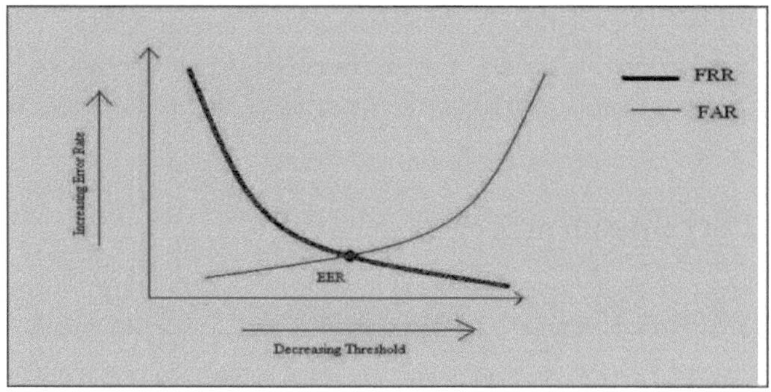

Fig 1.2: Taxa de erro igual

1.10 Tecnologias biométricas

Cada corpo humano possui numerosas caraterísticas comportamentais e fisiológicas, que podem ser utilizadas como caraterísticas biométricas. As numerosas caraterísticas fisiológicas normalmente utilizadas são o rosto, a íris, as impressões digitais, as impressões palmares, a geometria da mão e a voz. As caraterísticas comportamentais estão associadas ao comportamento de uma pessoa, como a assinatura, a caligrafia, a marcha e a fala, etc. Em diferentes situações, diferentes biometrias funcionam eficazmente. O desafio consiste em desenvolver um sistema biométrico mais avançado, seguro e rápido. A biometria é um identificador individual eficaz porque as caraterísticas são diferentes umas das outras [7]. A identificação biométrica é mais segura, fiável e não pode ser esquecida ou roubada. Devido à estabilidade, fiabilidade e singularidade das caraterísticas biométricas, é amplamente adoptada e aceite pelos utilizadores. Apresentam-se de seguida alguns dos sistemas biométricos mais utilizados.

1.10.1 Reconhecimento facial

O reconhecimento facial é uma tecnologia biométrica em que uma pessoa pode ser reconhecida pelas suas imagens faciais. O reconhecimento facial é um sistema biométrico robusto devido à sua fácil aquisição e às suas numerosas caraterísticas únicas. A face (figura 1.3) pode ser detectada por dois métodos: pode ser um sistema estacionário ou um sistema em tempo real. As imagens faciais são captadas por câmaras e as caraterísticas principais são extraídas de cada imagem e depois utilizadas para efeitos de correspondência. O reconhecimento facial é amplamente aceite pelos utilizadores porque não é intrusivo e não requer o uso das mãos. Uma desvantagem do reconhecimento facial é o facto de ser variável no tempo, o que significa que, após algum tempo, uma nova imagem da pessoa será carregada na base de dados para obter melhores resultados [8]. O reconhecimento facial é utilizado sobretudo em aeroportos, estações ferroviárias e paragens de autocarro para fins de segurança. Muitas agências de segurança utilizam o sistema de reconhecimento facial para identificar o rosto de criminosos, terroristas ou pessoas procuradas.

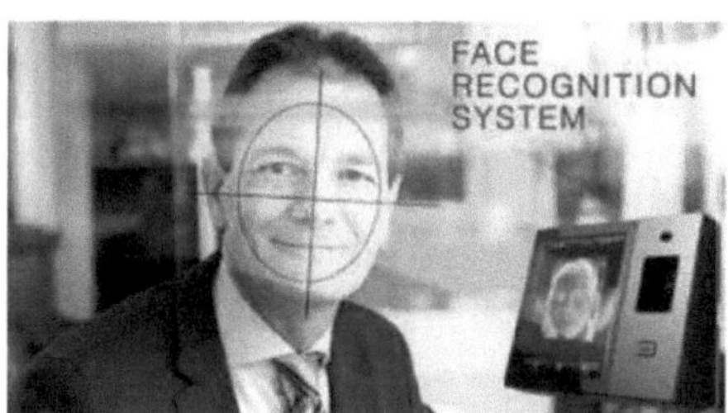

Figura 1.3: Reconhecimento facial

1.10.2 Reconhecimento de assinaturas

A assinatura foi utilizada no processo de autenticação durante muito tempo em vários controlos de acesso e processos de identificação. A assinatura é uma biometria comportamental que pode estar em linha e fora de linha (ver Figura

1. 4) [9]. Esta tecnologia baseia-se no estilo de escrita, nos ângulos e nas formas. A assinatura não é muito aceitável pelo utilizador num ambiente seguro e sensível, porque pode ser facilmente copiada. Atualmente, o sistema de reconhecimento de assinaturas é utilizado sobretudo nos bancos. Os resultados do reconhecimento de assinaturas não são muito apreciados devido à sua falsa aceitação.

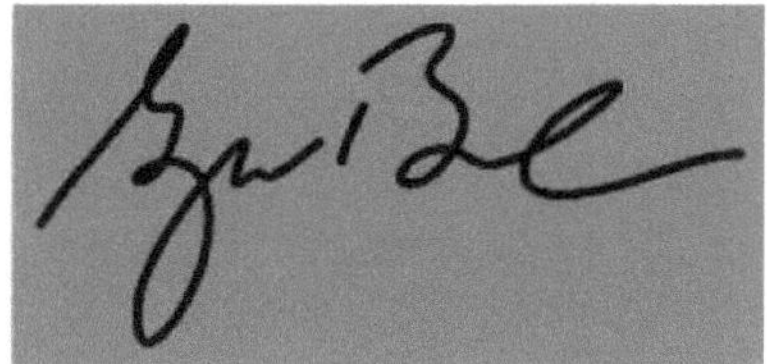

Figura 1.4: Verificação de assinaturas em linha e fora de linha

1.10.3 Reconhecimento de impressões digitais

A impressão digital é a biometria mais utilizada para efeitos de autenticação e verificação pessoal

(Figura 1.5). As impressões digitais de cada pessoa são diferentes umas das outras. É altamente aceite pelos utilizadores porque é segura, fiável e os dispositivos são menos dispendiosos. Quase todas as organizações responsáveis pela aplicação da lei no mundo utilizam as impressões digitais como uma fonte de identificação precisa e eficaz. A maioria dos sistemas biométricos baseados em impressões digitais utiliza sulcos finos nas curvas das impressões digitais ou o aspeto universal ou ambos [10]. Atualmente, é sobretudo utilizada para o controlo do acesso a aparelhos pessoais como computadores portáteis, telemóveis, etc. Continua a ser amplamente utilizada pelo governo e por organizações comerciais para efeitos de assiduidade e muitos outros fins.

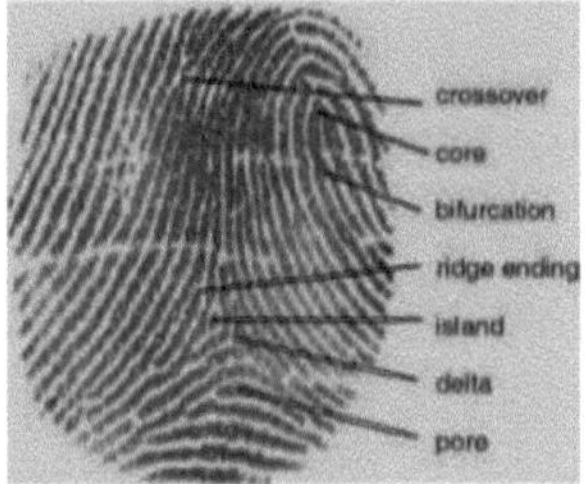

(a) Leitura de impressões digitais   (b) Caraterísticas

Figura 1.5: Reconhecimento de impressões digitais

1.10.4 Reconhecimento da íris

A íris é uma área colorida perto da pupila que contém informações significativas e é considerada uma caraterística biométrica muito precisa [11]. Trata-se do traço biométrico mais seguro de todos os sistemas biométricos. É maioritariamente utilizada em agências governamentais. Esta tecnologia funciona eficazmente tanto no modo de verificação como no de identificação. São utilizadas câmaras de alta resolução para a aquisição de imagens da íris (Figura 1.6). O reconhecimento da íris não é muito apreciado pelos utilizadores, uma vez que o olho é um elemento biométrico sensível.

Verifica-se que é provavelmente impossível que dois indivíduos tenham as mesmas caraterísticas da íris da retina.

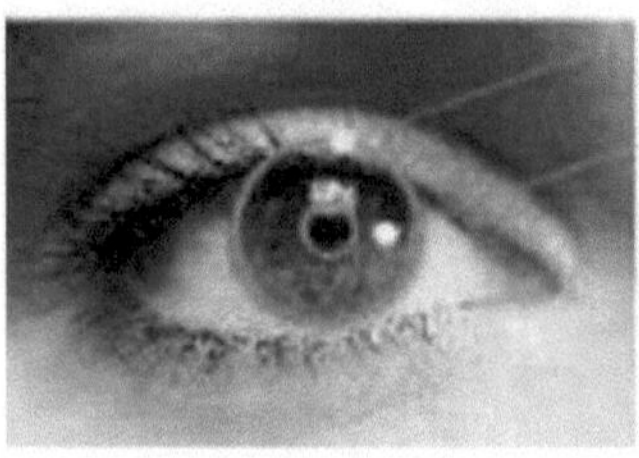

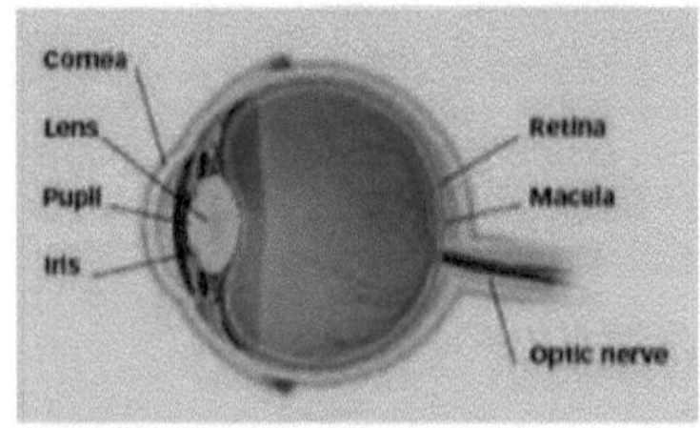

Figura 1.6: Reconhecimento da íris

1.10.5 Reconhecimento de retina

A retina (Figura 1.7) é também considerada a caraterística biométrica mais segura para a verificação pessoal. Na parte branca do olho, a camada de vasos sanguíneos é conhecida como retina. A possibilidade de duas pessoas apresentarem o mesmo padrão de retina é quase nula. O sistema requer a colaboração do utilizador e um ambiente claro para funcionar [12]. Esta tecnologia é utilizada em situações altamente seguras. A principal vantagem deste sistema é o facto de os seus padrões permanecerem estáveis durante toda a vida. No entanto, o reconhecimento da retina não é muito aceite pelos utilizadores devido aos scanners dispendiosos para a aquisição de imagens e ao receio dos utilizadores de que a luz possa prejudicar os seus olhos.

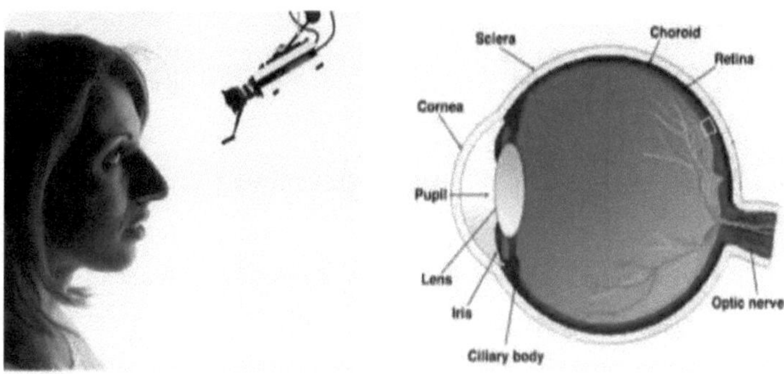

Figura 1.7: Reconhecimento da retina

1.10.6 Reconhecimento de voz

O reconhecimento da voz é uma das biometrias mais fáceis para os utilizadores. Funciona através da análise da pressão do ar e do padrão de ondas do discurso individual [13]. No sistema de reconhecimento de voz, o utilizador é instruído a ler um texto predefinido e, com base nesse texto falado, o sistema decide autenticar ou rejeitar o utilizador. O reconhecimento vocal não é muito poderoso em comparação com outros sistemas, uma vez que a voz de um indivíduo pode variar em diferentes situações. O reconhecimento vocal não é largamente adotado nas organizações governamentais, em comparação com outras formas de biometria.

1.10.7 Reconhecimento de teclas

A digitação de teclas (ver figura 1.8) pertence à categoria dos sistemas biométricos comportamentais e é sobretudo utilizada em coordenação com as palavras-passe. Examina o padrão em que o utilizador digita as teclas, como o tempo de
digitação de diferentes teclas, a velocidade total, etc. Em comparação com outros sistemas biométricos, é muito mais barato de implementar

e mais fácil de recolher dados do utilizador [14]. No entanto, não é muito robusto em comparação com outros elementos biométricos.

O teclado utilizado neste sistema biométrico desempenha um papel importante, uma vez que a velocidade de digitação de diferentes utilizadores em diferentes formas de teclado é variável.

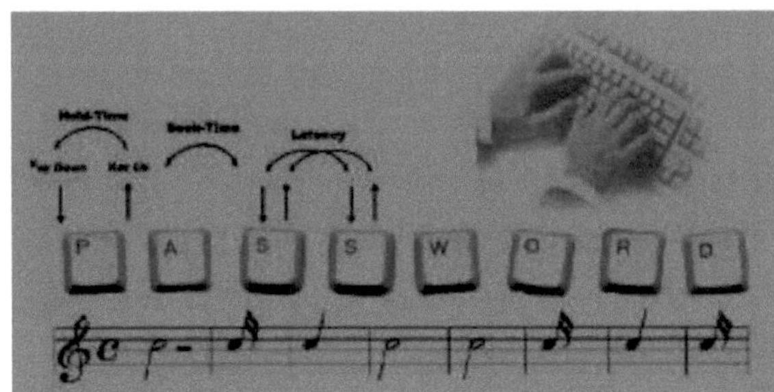

Figura 1.8: Reconhecimento baseado no toque de teclas

1.10.4   Reconhecimento de impressões palmares

A impressão da palma da mão é a superfície interna da mão, constituída por linhas principais, rugas e sulcos que são únicos e podem ser utilizados para efeitos de autenticação (Figura 1.9). Os dispositivos de aquisição de impressões palmares são menos dispendiosos e até uma câmara digital ou um telemóvel inteligente podem captar facilmente imagens da palma da mão. As caraterísticas das linhas da palma da mão são estáveis, fiáveis e podem ser captadas a partir de imagens de baixa resolução [15]. Os sistemas de reconhecimento da impressão palmar são muito aceites pelos utilizadores devido aos baixos custos de implementação e à facilidade de utilização dos dispositivos.

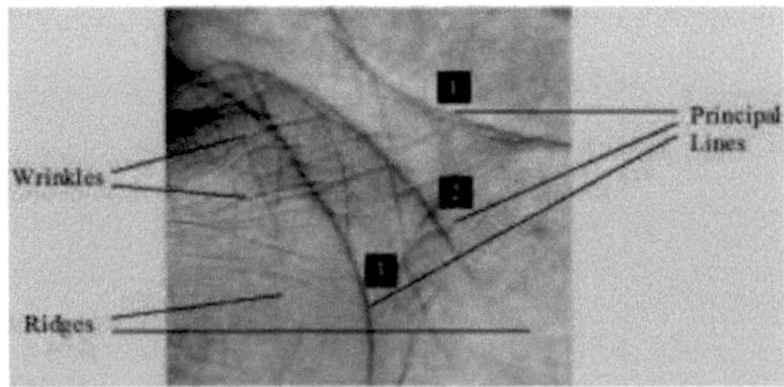

Figura 1.9: Reconhecimento da impressão palmar

1.10.5   Reconhecimento de mãos

O reconhecimento da mão é a caraterística biométrica mais comum que autentica uma pessoa através da comparação da forma geométrica das suas mãos. A geometria da mão consiste no comprimento e na largura da mão, da palma e dos dedos (ver figura 1.10). As imagens da mão podem ser captadas através de scanners planos ou de câmaras digitais.

As caraterísticas geométricas não são únicas como as impressões digitais e as impressões palmares

[16]. Os sistemas de reconhecimento de mãos são maioritariamente utilizados nas organizações para efeitos de assiduidade.

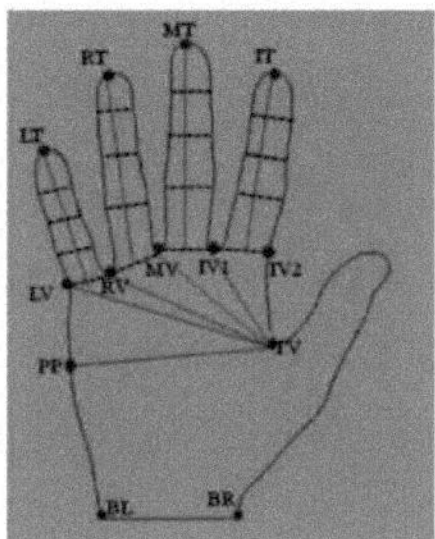

(a) Aquisição de imagens
(b) Caraterísticas
Figura 1.10: Reconhecimento baseado na geometria da mão

1.11 Objectivos da tese

Os principais objectivos da presente tese são os seguintes

- Desenvolver um sistema de autenticação através da geometria da mão e das caraterísticas da impressão palmar.

- Fazer um estudo exaustivo dos sistemas de reconhecimento de mãos existentes, avaliar os seus desempenhos e apontar os seus pontos fortes e fracos.

- Melhorar o desempenho do sistema de reconhecimento de mãos em termos de redução do tempo de execução e aumento da precisão.

1.12 A nossa contribuição

Neste estudo, propomos o reconhecimento da mão utilizando caraterísticas da palma e da geometria da mão. Em vez de utilizar técnicas convencionais de caraterísticas da palma da mão ou da geometria da mão para efeitos de verificação, as caraterísticas da palma da mão e da geometria da mão são integradas no sistema de reconhecimento da mão. São efectuadas experiências para determinar o desempenho do sistema proposto. Foram efectuados os seguintes contributos:

I. Detetar o vale e o ponto de ponta da imagem da mão.

II.   Extrair a região de interesse da impressão da palma da mão.

III.   Detetar o comprimento e a largura da mão, o comprimento e a largura dos dedos.

IV.   Para combinar a caraterística da geometria da mão e a caraterística da impressão palmar

V.   Comparar a caraterística da imagem de teste com as imagens armazenadas do utilizador.

VI.   Mostrar a decisão do sistema sobre se o utilizador é autêntico ou não.

1.11 Organização da tese

No segundo capítulo, são apresentados os trabalhos de investigação efectuados no domínio da geometria da mão e da impressão palmar. São também estudadas em pormenor várias técnicas atualmente desenvolvidas para a geometria da mão e a impressão palmar. As diferentes abordagens e metodologias utilizadas para desenvolver estes sistemas também fazem parte deste capítulo.

O terceiro capítulo apresenta o módulo de pré-processamento do método proposto. Neste módulo, a imagem é extraída e organizada para a extração das caraterísticas. São removidos os ruídos gerados durante a aquisição da imagem. Os limites da palma da mão são extraídos utilizando o algoritmo de deteção de bordos, a partir do qual são medidas as caraterísticas da palma da mão.

No quarto capítulo, o processo de extração de caraterísticas é apresentado em pormenor. São explicadas as diferentes caraterísticas e a sua extração da imagem obtida após a deteção de bordos.

O quinto capítulo apresenta a forma como as caraterísticas obtidas são comparadas com o modelo armazenado, a fim de medir a semelhança de correspondência. A decisão é efectuada neste módulo.

O capítulo seguinte apresenta os resultados experimentais e as discussões. A técnica proposta é comparada com as técnicas existentes. O desempenho do método proposto é avaliado por diferentes métricas.

No último capítulo, são apresentadas as conclusões e o trabalho futuro. As recomendações para futuras adições também fazem parte deste capítulo.

2. REVISÃO DA LITERATURA SOBRE RECONHECIMENTO DE MÃOS

Neste capítulo é apresentado um estudo exaustivo sobre a tecnologia biométrica da mão e da impressão palmar. As caraterísticas da geometria da mão e da impressão palmar, as várias técnicas de aquisição de imagens e as suas vantagens são explicadas na Secção 2.1. Na Secção 2.2, são explicadas diferentes abordagens para o reconhecimento da mão. Para realizar experiências e determinar o desempenho do algoritmo proposto, são discutidas na Secção 2.3 as bases de dados disponíveis publicamente.

2.1 Introdução

O sistema de reconhecimento da mão é considerado o mais fiável, menos dispendioso e altamente aceitável pelo utilizador. A mão é constituída por caraterísticas geométricas da mão, como o comprimento e a largura dos dedos e da mão, bem como por caraterísticas da impressão da palma da mão, como a linha principal, as rugas e as cristas, etc. As caraterísticas geométricas da mão são estáveis e podem ser facilmente extraídas de imagens de baixa resolução. As imagens de baixa resolução são amplamente adoptadas na investigação atual devido ao seu tempo de computação eficiente e ao tamanho reduzido dos ficheiros [3].

A maior parte da investigação biométrica centrou-se no rosto e na impressão digital. No entanto, devido ao envelhecimento e a problemas ambientais, a identificação baseada na face é menos fiável [16]. A identificação baseada nas impressões digitais tem sido utilizada com eficácia em várias aplicações. No entanto, as impressões digitais dos trabalhadores e dos idosos não são muitas vezes claras, o que torna difícil para o sistema extrair caraterísticas minuciosas dessa classe de pessoas. O reconhecimento da mão tem merecido um interesse considerável devido a várias vantagens, como a baixa resolução da imagem, a elevada aceitabilidade, os dispositivos de captura pouco dispendiosos e a estabilidade das caraterísticas [4]. As caraterísticas da mão são apresentadas na figura 2.1.

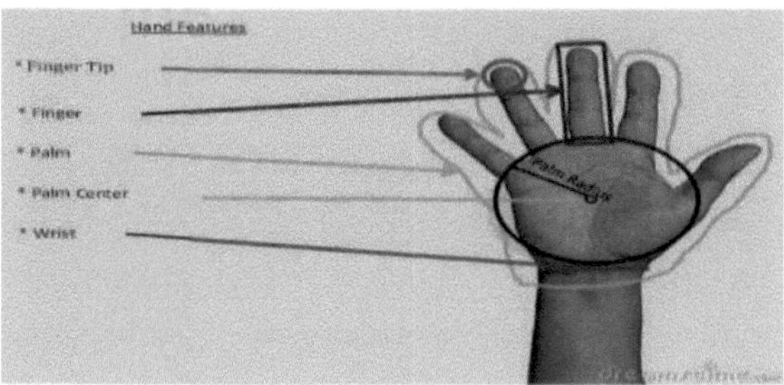

Figura 2.1: Caraterísticas da mão

2.2 Métodos de reconhecimento de mãos

Foram propostos vários métodos para o reconhecimento da mão. No entanto, os métodos propostos diferem nas caraterísticas e na extração das caraterísticas da mão e da palma. Nesta secção, foram analisados em pormenor diferentes métodos recentes e relacionados.

Y. bulatov et.al apresentou um classificador geométrico utilizado no reconhecimento de mãos. Neste documento, são selecionadas trinta caraterísticas para o reconhecimento da mão. Para a experiência de cada pessoa, são utilizadas três a cinco imagens para o conjunto de treino. É estabelecida uma caixa delimitadora de trinta caraterísticas dimensionais para cada um dos conjuntos de treino. A diferença entre a imagem de entrada e o modelo armazenado é utilizada como medida de semelhança [17].

Bahareh Aghili et.al apresentou uma técnica para identificar uma pessoa com base na geometria da mão. No método proposto, foram extraídas quinze caraterísticas da imagem da mão do utilizador, como a largura, a área e a circunferência dos dedos. Estas caraterísticas são categorizadas com dois sistemas diferentes de reconhecimento de padrões, a saber, a distância absoluta e a distância euclidiana. O algoritmo é testado em 500 imagens de 50 utilizadores. O desempenho do sistema é mostrado nas fases de identificação e verificação [18].

Ahmed Mostayed et.al apresentou um sistema de autenticação a partir de imagens da mão. Em vez das medidas da mão, este método valida a forma completa da mão. A transformada de Radon calcula as caraterísticas sem peg e as caraterísticas invariantes em termos de localização. As caraterísticas são extraídas de imagens da mão de baixa resolução captadas por um scanner de documentos. A técnica proposta foi testada num total de 136 imagens com distância euclidiana. O esquema proposto atinge uma taxa de erro igual (EER) de 5,1% [19].

Leong Lai Fong et.al [20] propôs um estudo comparativo sobre sistemas de reconhecimento de mãos. No trabalho proposto, foram comparados vários métodos na categoria de geometria da mão, contorno da mão e impressão da palma da mão. Apresentaram também o desempenho de cada método na comparação. Este documento constitui uma porta de entrada para os investigadores interessados no domínio do reconhecimento da mão.

Karen H. Suaverde et.al apresentou um sistema de caraterísticas geométricas da mão concebido para autenticar os utilizadores e impedir que utilizadores falsos utilizem o sistema. É utilizada uma base de dados para armazenar as imagens das mãos. O sistema extrai as caraterísticas da imagem de teste e compara-as com as imagens armazenadas. O método proposto dá uma taxa de sucesso de 95% e uma taxa de falsa aceitação de 5% [21].

Dew Yanti Liliana et.al apresentou uma metodologia para o reconhecimento de impressões palmares. No trabalho proposto são extraídas duas caraterísticas das imagens da mão, a deteção de linhas baseada em blocos é utilizada para a extração das caraterísticas da impressão da palma da mão e o método do código de cadeia é utilizado para extrair as caraterísticas geométricas da mão. As caraterísticas extraídas são combinadas e reconhecidas utilizando a técnica Dynamic Time Warping (DTW). O Dynamic Time Warping foi também utilizado para medir a distância entre duas caraterísticas diferentes. A técnica foi testada em 200 imagens de 50 utilizadores. No trabalho proposto, a combinação da impressão da palma da mão e da geometria da mão tem a taxa de precisão mais elevada de 89% [22].

Tee Connie et.al em [23] apresentou um sistema automatizado de reconhecimento de impressões palmares. No método proposto, sugeriram diferentes abordagens como a Análise de Componentes Principais (PCA), a Análise Discriminante de Fischer (FDA) e a Análise de Componentes Independentes (ICA) para a extração de caraterísticas da ROI das imagens. Os resultados experimentais mostram que tanto o FAR como o FRR são tão baixos como 1,356 e 1,492% utilizando a nossa base de dados de impressões palmares.

Hafiz imtiaz et.al propôs um novo algoritmo de pré-processamento para detetar as linhas principais das palmas das mãos. A transformada discreta de cosseno (DCT) é utilizada para o reconhecimento de impressões palmares. No trabalho proposto, a imagem inteira é dividida em vários módulos espaciais. A extração de caraterísticas é realizada em zonas locais através da transformada de cosseno discreta bidimensional (2D-DCT). Este algoritmo atinge uma precisão de reconhecimento de 99,94% [24].

S. Selverajan et.al propuseram um modelo para o sistema de identificação e reconhecimento humano. Apresentam um modelo de reconhecimento humano baseado na geometria da mão. No sistema proposto, foram utilizadas algumas caraterísticas distintas para aumentar a precisão do reconhecimento. É utilizado um algoritmo fácil e rápido para a segmentação da imagem utilizando técnicas de filtragem, deteção de bordos e rotulagem de regiões, obtendo-se um resultado significativo [25].

Em [26] é proposto um sistema biométrico bimodal da mão através da textura e da forma da mão. A autenticação da impressão da palma da mão é efectuada utilizando a transformada discreta do cosseno. A fusão ao nível da pontuação de ambas as caraterísticas, ou seja, a forma da mão e a impressão da palma da mão, é calculada utilizando a regra do produto. As caraterísticas da forma da mão ou da impressão da palma da mão produzem, por si só, FAR e FRR elevados, mas com a utilização do sistema bimodal, tanto o FRR como o FAR são reduzidos em grande medida. O sistema bimodal é mais significativo quando as formas das mãos de dois indivíduos diferentes são muito semelhantes. O sistema proposto produziu 0,06% de FRR e 0,43% de FAR.

Wu et al. sugeriram uma abordagem baseada em linhas, que utiliza máscaras Sobel para calcular a magnitude das linhas das palmeiras. A magnitude calculada é projectada nas direcções x e y para desenvolver histogramas. Os modelos ocultos de Markov (HMM) utilizam estes histogramas como entradas [27].

De-Shuang Huang et al. propuseram uma nova abordagem de verificação baseada em linhas principais. A transformada aleatória é utilizada para extrair eficazmente as linhas principais [28]. Para medir a semelhança entre duas palmas, é utilizada a comparação entre píxeis e áreas. Os resultados experimentais são bastante sólidos.

Ajay Kumar et al. em [29] apresentaram uma nova técnica de identificação pessoal com a ajuda da impressão da palma da mão e da geometria da mão. O sistema proposto é um sistema bimodal, no qual a inscrição do utilizador é feita numa única fase. As caraterísticas da impressão da palma da mão e da geometria da mão são extraídas da mesma imagem. As caraterísticas são extraídas separadamente e combinadas numa única unidade para correspondência com o modelo armazenado na base de dados. Os resultados experimentais são satisfatórios.

Em [30] é proposta uma nova identificação hierárquica da impressão da palma da mão, na qual os valores da geometria e dos ângulos da mão são medidos sem segmentação da ROI. O método proposto utiliza as variações de divisão da escala de cinzentos causadas pela posição específica das principais linhas e rugas nas imagens da mão. A experiência foi testada num conjunto de dados de 100 imagens; foi obtido um resultado encorajador de 99,24% de exatidão.

Yaroslav Bulatov et.al apresentaram o Hand Recognition Suing Geometric Classifier, no qual um total de 30 caraterísticas são recolhidas para efeitos de correspondência. Estas caraterísticas baseiam-se sobretudo na geometria da mão, em que o comprimento e a largura desempenham um papel importante. É utilizada uma caixa delimitadora de um espaço de caraterísticas de 30 dimensões. É utilizado um classificador simples para efetuar a verificação e a identificação da geometria da mão. O sistema é testado em 714 imagens de mãos de 70 pessoas [31]. O sistema atinge um FAR inferior a 1% e um FRR inferior a 3%.

Em [32] Marcos Faundez-Zanuy et.al propuseram a identificação biométrica através da geometria da mão e de um classificador de redes neuronais. A base de dados é constituída por 220 imagens de 22 indivíduos utilizando um scanner de documentos. No total, são utilizadas 13 caraterísticas, das quais 9 são selecionadas para efeitos de correspondência. São utilizados dois classificadores diferentes para fazer corresponder as imagens. O classificador de redes neuronais é comparado com dois outros classificadores, mas o classificador de redes neuronais produz resultados apreciados.

Ahmed Mostayed et.al em [33] apresentou um esquema de autenticação da forma da mão com a transformada de radão. O principal objetivo deste trabalho é obter uma elevada precisão e robustez com invariância rotacional e translacional. A mudança de posição e a variação da mão são efectuadas com a ajuda do centróide e da transformada de radão. O sistema foi testado num conjunto de dados de 136 imagens. Obteve-se uma taxa de erro igual de 5,1% com um limiar de 0,82.

Em [36], os autores converteram as imagens da palma da mão no domínio da frequência através da transformada de Fourier, antes de extraírem as caraterísticas. As imagens no domínio da frequência são separadas em sequências de círculos e linhas.

Na abordagem baseada na estatística, a imagem é dividida em sub-regiões menores, convertendo a imagem do domínio espacial para o domínio da frequência [37, 38]. Para o vetor de caraterísticas, a média aritmética e o desvio padrão da imagem são medidos a partir das sub-regiões.

2.3 Bases de dados

As bases de dados de impressões palmares que estão disponíveis em linha para experiências de investigação são explicadas nesta secção.

2.3.1 Base de dados de impressões palmares sem tato do IIT Delhi

IIT Delhi é uma base de dados do domínio público. As imagens foram recolhidas dos estudantes e do pessoal do IIT Delhi, Índia, em 2007, para efeitos de experiências e investigação [39]. Todas as imagens estão no formato bitmap (.bmp). A resolução de cada imagem é de 800*600 pixéis. A base de dados disponível é constituída por 235 utilizadores, tendo sido adquiridas dez imagens de cada sujeito, tanto da mão esquerda como da mão direita, em diferentes variações de pose da mão.

2.3.2 Poly U

A base de dados Poly U foi criada no Centro de Investigação Biométrica da Universidade Politécnica de Hong Kong [40]. Com um intervalo de um mês, são recolhidas 20 imagens de impressões palmares de cada indivíduo. Cada imagem é depois recortada para um tamanho de 128 x 128. São utilizadas cavilhas para restringir o movimento da mão durante a extração da imagem.

2.3.3 CASIA

Esta base de dados é constituída por 5502 imagens de ambas as mãos recolhidas de 312 indivíduos. Não são utilizados pinos durante a captura. Os utilizadores são instruídos a colocar as costas da sua mão numa superfície de cor escura e é utilizada uma câmara CMOS fixa para extrair as imagens.

3. ABORDAGEM PROPOSTA

3.1   Introdução

Os sistemas de reconhecimento baseados na geometria da mão baseiam-se numa série de caraterísticas retiradas da mão humana, incluindo a forma, o tamanho da palma, o comprimento e a largura dos dedos. O sistema é muito simples, fácil de utilizar e económico devido ao baixo custo dos dispositivos de reconhecimento da mão. A precisão do sistema não é afetada por factores ambientais. Uma simples câmara Web ou um scanner podem obter as imagens da mão. O sistema baseado na geometria da mão é muito apreciado pelos utilizadores. É por isso que a geometria da mão é utilizada em muitas aplicações, em comparação com outros dados biométricos.

Parte-se do princípio de que a mão humana não se altera com o passar do tempo. Ao contrário das impressões digitais, a mão humana não é muito caraterística. No entanto, as caraterísticas individuais da mão não são totalmente pormenorizadas para efeitos de identificação, embora os sistemas de identificação biométrica da mão sejam perfeitos para efeitos de verificação, quando se combinam várias caraterísticas individuais da mão e dos dedos.

3.2   Sistema de Geometria da Mão

Os sistemas de reconhecimento da mão calculam e inspeccionam a estrutura geral, a forma e as dimensões da mão, como o comprimento, a largura da mão, os dedos e as articulações; as caraterísticas da superfície da pele, como os vincos e as cristas. Vários sistemas biométricos de geometria da mão têm a capacidade de calcular até 90 caraterísticas. Uma vez que a biometria da mão depende da geometria da mão e dos dedos, podem ser facilmente extraídas várias caraterísticas de uma única imagem.

A única restrição é para as pessoas com artrite grave que não conseguem expandir as mãos sobre a máquina de scanner. O utilizador coloca a palma da mão sobre a superfície do scanner/máquina e posiciona a sua mão com os pinos de controlo. Os pinos especificam a localização correta dos dedos. O sistema utiliza uma base de dados para verificar se o utilizador é autêntico ou impostor. Todo o processo demora normalmente alguns segundos a inscrever-se, colocando o utilizador a sua mão / palma na superfície do scanner. A figura 3.1 mostra um sistema de geometria da mão.

Figura 3.1: Sistema de geometria da mão

3.3   Módulo de Geometria Biométrica da Mão

Os sistemas biométricos incluem a aquisição de imagens, o pré-processamento de imagens, a extração de caraterísticas, a correspondência e a decisão. Na primeira fase, a imagem é captada com a ajuda de uma câmara digital/scanner. A imagem captada é depois utilizada para o pré-processamento, no qual os ruídos são removidos da imagem. A Fig. 3.2 mostra os componentes de um sistema biométrico.

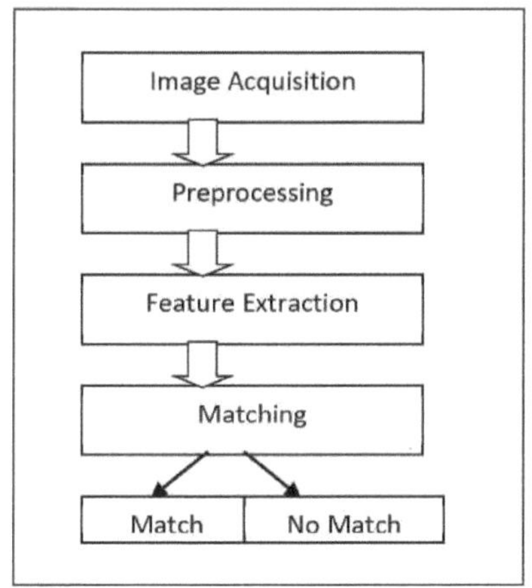

Figura 3.2: Componente de um sistema biométrico

A unidade de pré-processamento do sistema é utilizada para organizar a imagem para extração de caraterísticas. A unidade de extração de caraterísticas é utilizada para extrair caraterísticas específicas da imagem. As caraterísticas extraídas têm sobretudo a forma de números, que são depois utilizados para a correspondência. O módulo de correspondência é utilizado para fazer corresponder as caraterísticas da imagem armazenada com a imagem individual da mão. O último módulo de reconhecimento da mão é o "módulo de decisão". Este módulo dá-nos o resultado que indica se a imagem é genuína ou impostora.

3.3   Sistema proposto

A autenticação pessoal é uma forma emergente, segura e fiável de autenticação pessoal através da utilização de caraterísticas biométricas. Atualmente, é o meio de autenticação mais estável e seguro. Tem várias vantagens em relação à autenticação tradicional, como a estabilidade, a ausência de hipóteses de roubo ou esquecimento. Cada impressão da palma da mão é constituída por múltiplas caraterísticas, como a geometria da mão, as linhas principais, as cristas e as rugas. É possível desenvolver um sistema biométrico de grande precisão a partir da combinação destas múltiplas caraterísticas. O método proposto baseia-se num esquema de verificação de múltiplas caraterísticas para o reconhecimento pessoal. As caraterísticas de interesse no sistema proposto são a geometria da mão e a impressão da palma da mão. Estas caraterísticas são extraídas da imagem da mão utilizando diferentes técnicas. Cada imagem é alinhada numa única direção para extrair as mesmas caraterísticas. A imagem é transformada em imagem binária utilizando um limiar. Para extrair a região de interesse, cada imagem binária é submetida a uma operação morfológica.

A caraterística geométrica da mão extraída e a caraterística da impressão da palma da mão são combinadas numa única unidade conhecida como vetor de caraterísticas, que é utilizada para fazer a correspondência com o modelo da base de dados. O sistema de autenticação proposto consiste numa fase de registo e verificação de imagens. Na fase de registo, são recolhidas imagens de amostra para pré-processamento e extração de caraterísticas. Cada amostra é armazenada com o nome do utilizador e uma identificação única. No modo de verificação, o utilizador introduz a sua amostra de impressão da palma da mão. As caraterísticas são extraídas da amostra de impressão da palma da mão e comparadas com as amostras armazenadas na base de dados. Na figura 3.6 é apresentado o fluxograma do sistema proposto.

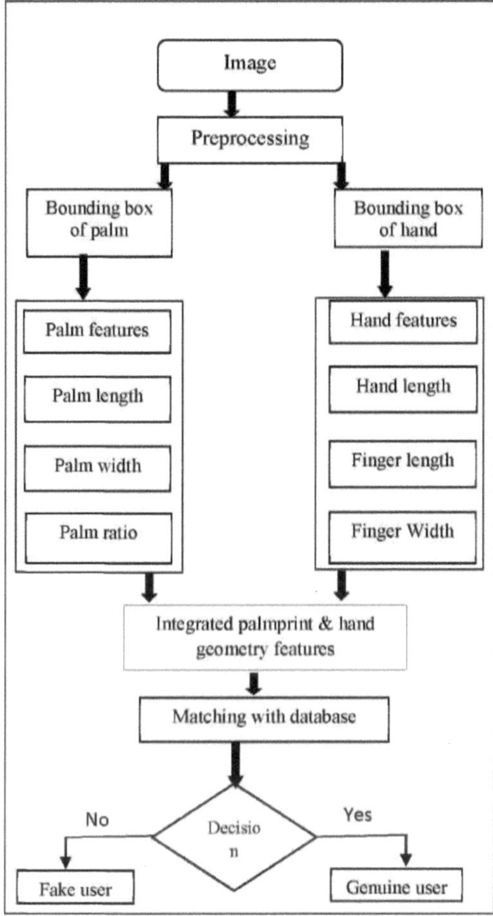

Figura 3.3: Fluxograma do sistema proposto.

A semelhança é medida após cada correspondência e a semelhança média é calculada. O módulo de correspondência é utilizado para tomar decisões com base na semelhança média e aceitar ou rejeitar o utilizador como genuíno ou falso.

3.3.1 Aquisição de imagens

A aquisição de imagens é a primeira e principal etapa de um sistema biométrico de geometria da mão. A aquisição de imagens consiste na recolha e no armazenamento de imagens digitais a partir de câmaras digitais, câmaras de vídeo ou scanners de documentos, etc. A câmara digital ou o scanner são utilizados na aquisição de imagens. No sistema proposto, é utilizada a base de dados de impressões palmares sem tato do IIT Delhi. A IIT Delhi é uma base de dados do domínio público. As imagens são recolhidas junto dos estudantes e do pessoal do IIT de Deli, na Índia, em 2007, para efeitos de experiências e investigação. Todas as imagens estão em formato bitmap (.bmp). A resolução das imagens é de 800*600 pixéis. A base de dados disponível é constituída por 235 utilizadores, tendo sido adquiridas dez imagens de cada sujeito, da mão esquerda e da mão direita, em diferentes variações de pose da mão.

Os utilizadores são orientados no sentido de colocarem a mão numa posição normal, mas não é obrigatório esticar os dedos com toda a força. A mão deve ser posicionada num estado normal, em que os dedos estão desarticulados uns dos outros.

3.3.2   Pré-processamento

Esta fase prepara uma imagem para extração de caraterísticas. As imagens captadas por câmara ou scanner não podem ser utilizadas diretamente para fins de extração de elementos. Pode ser necessário algum processamento para a preparar para o processo de extração de caraterísticas. A remoção do ruído, a binarização, a filtragem, a deteção de bordos e a segmentação são alguns dos processos mais utilizados no pré-processamento. As etapas de pré-processamento podem ser diferentes consoante os sistemas. Transferir a imagem de entrada para a forma binária é o 1st passo mais importante do pré-processamento de imagens. O passo seguinte é a remoção do ruído criado durante o processo de conversão e captura. No sistema proposto, foram efectuadas as seguintes operações durante o pré-processamento.

i.   Imagem em escala de cinzentos

A imagem de entrada é uma imagem em escala de cinzentos da mão direita. Cada imagem tem o formato bitmap (*.bmp). A resolução do ecrã da imagem recolhida é de 800 x 600 pixels. A base de dados é obtida no ambiente interno com uma iluminação circular brilhante à volta da câmara. Os dedos da mão estão normalmente separados uns dos outros.

As imagens em escala de cinzentos são convertidas em binário para obter a imagem da mão separada do fundo. Depois de converter a imagem em binário, pretende-se eliminar a área extra da imagem para extrair a mão da imagem. A caixa delimitadora da mão é obtida a partir da imagem binária. Utilizando a caixa delimitadora, a área da mão será cortada da imagem binária.

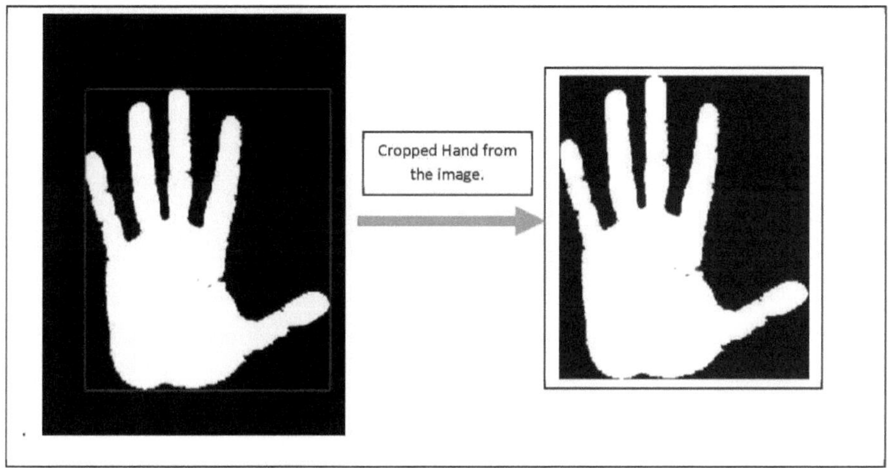

Figura 3.4: Imagem binária e recortada da mão obtida a partir da imagem em escala de cinzentos

ii. Remoção de ruído

Normalmente, são gerados ruídos durante a captura de imagens que produzem diferenças entre a imagem real e a imagem digitalizada. Estas variações podem afetar o desempenho do sistema. Utilizámos operações morfológicas para a remoção de ruído. A erosão é utilizada para remover os limites dos objectos na imagem. Utilizando máscaras 3x3, o limite do objeto tem um pixel a menos. Ao aumentar o tamanho da máscara, o objeto torna-se mais curto. Também elimina as arestas indesejadas da imagem. Para restaurar a imagem com o limite original sem arestas adicionais, o método proposto utiliza a dilatação. A dilatação acrescenta limites à volta do objeto. Depois de aplicar a erosão e a dilatação, a imagem é limpa de ruídos.

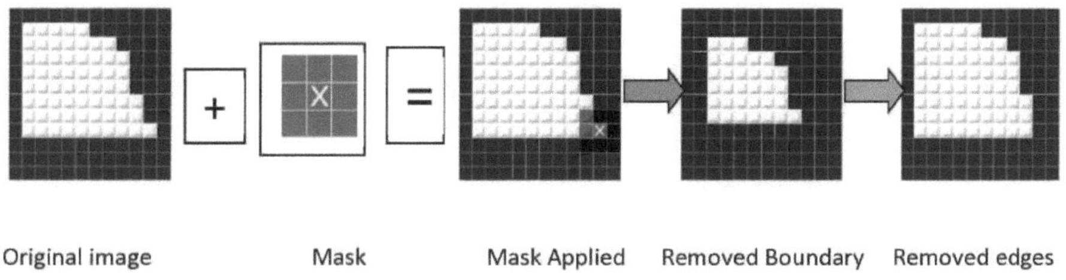

Figura 3.5: Operações morfológicas em imagens

É aplicada uma máscara de 3x3 à imagem de entrada original, utilizando a erosão e a dilatação para remover as imagens indesejadas, como mostra a fig. 3.5.

iii.   Ajuste do contraste

Uma imagem deve ter o brilho e o contraste corretos para facilitar a visualização. O ajuste do contraste é a técnica mais importante no pré-processamento. Através dela, podemos obter uma imagem mais clara e visível. O ajuste do contraste pode ser efectuado utilizando a técnica de equalização do histograma. A equalização do histograma ajusta suavemente o contraste de uma imagem. Os valores de intensidade da imagem são ajustados utilizando esta técnica. Após o ajuste do contraste, a imagem fica mais clara, visível e as caraterísticas são facilmente detectáveis. Nas imagens originais, alguns pontos não são claramente detectáveis e não podem ser processados para posterior tratamento.

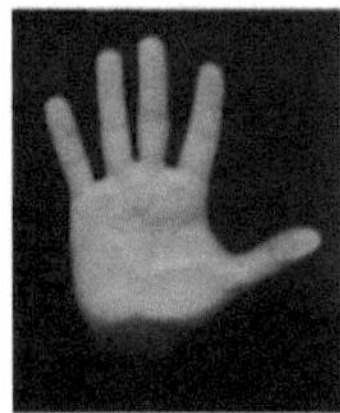
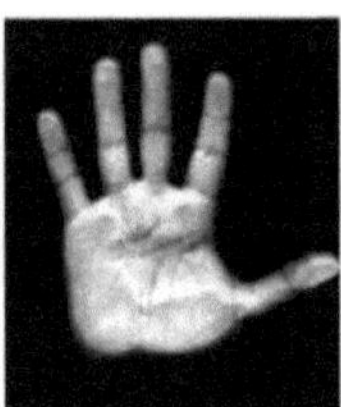

Figura 3.6: Imagem original
Figura 3.7: Após o ajuste do contraste

O efeito do ajustamento do contraste é mostrado na Fig. 3.7. A técnica supracitada foi aplicada na fig. 3.8.3.6.

4. EXTRACÇÃO DE CARACTERÍSTICAS

Esta secção da biometria geométrica da mão consiste na extração de diferentes caraterísticas. No processo de reconhecimento, a extração de caraterísticas é um processo em que o utilizador seleciona a sua escolha de caraterísticas a extrair pelo sistema. A extração de diferentes caraterísticas da imagem / modelo de entrada e a sua armazenagem num conjunto de vectores é conhecida como extração de caraterísticas. Se a unidade de extração de caraterísticas for criteriosamente selecionada, prevê-se que o conjunto recolherá apenas as informações necessárias da imagem de entrada para realizar a tarefa desejada utilizando uma imagem condensada.

O sistema biométrico de geometria da mão baseia-se nas caraterísticas geométricas de uma mão humana. Normalmente, as caraterísticas incluem o comprimento e a largura dos dedos, o rácio de aspeto da palma, o comprimento e a largura da mão, etc. A primeira e mais importante caraterística que é extraída da imagem de entrada é o comprimento dos dedos. A largura é também uma caraterística importante na técnica proposta. A largura do dedo pode ser medida em duas ou mais dimensões em diferentes pontos. O comprimento das linhas nos dedos é utilizado maioritariamente como métrica para a largura dos dedos. Na maioria dos dedos, a largura pode não ser uniforme, pelo que são efectuadas duas ou mais transacções/medições para cada dedo em pontos diferentes.

O sistema proposto extrai uma medida de comprimento e três medidas de largura para cada dedo. Normalmente, o polegar não é integrado no processo de extração de caraterísticas, uma vez que se encontra, na sua maioria, fora da área da palma. O comprimento e a largura da palma, o comprimento da mão e o rácio da palma também são incluídos no processo de extração de caraterísticas. Para a extração das caraterísticas dos dedos, são efectuadas uma medição do comprimento e três medições da largura, o que perfaz um total de 16 caraterísticas para 4 dedos. Incluindo o comprimento e a largura da palma, o rácio da palma e o comprimento da mão, obtém-se um total de 20 caraterísticas. É criado um vetor de 20 caraterísticas, o que constitui um conjunto robusto de caraterísticas para o processo de autenticação e reconhecimento.

Cada dedo e palma da mão é considerado um objeto separado. A caixa delimitadora de cada objeto é recuperada a partir da qual o comprimento e a largura são medidos. Para calcular a largura do dedo, são efectuadas três medições na posição inicial, central e final de cada dedo. As caraterísticas extraídas das imagens das mãos são apresentadas na Fig. 4.1.

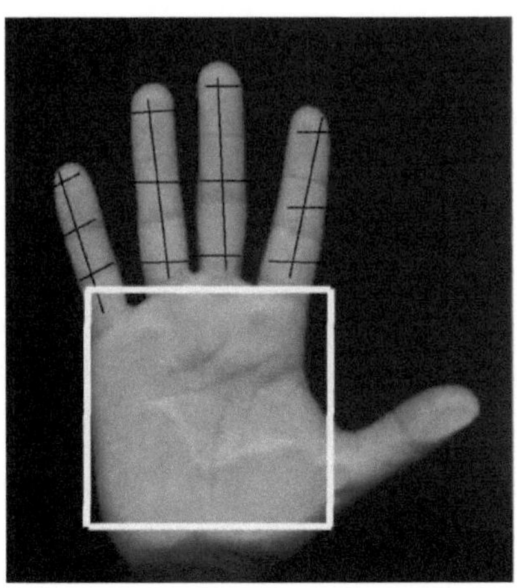

Figura 4.1: Caraterísticas extraídas

O sistema proposto é composto por um conjunto de 20 caraterísticas. O conjunto de caraterísticas do sistema proposto é apresentado no quadro 4.1.

Tabela 4.1: Conjunto de caraterísticas

S. No	Name of feature	S. No	Name of feature
F 1	Little finger length	F 11	Middle finger width top
F 2	Ring finger length	F 12	Middle finger width middle
F 3	Middle finger length	F 13	Middle finger width bottom
F 4	Index finger length	F 14	Index finger width top
F 5	Little finger width top	F 15	Index finger width middle
F 6	Little finger width middle	F 16	Index finger width bottom
F 7	Little finger width bottom	F 17	Hand length

F 8	Ring finger width top	F 18	Palm length
F 9	Ring finger width middle	F 19	Palm width
F 10	Ring finger width bottom	F 20	Palm ratio

4.1 Comprimento da mão

Para calcular a altura da mão, o primeiro passo da técnica proposta é extrair a mão da imagem original. Para o efeito, converteu-se a imagem da mão em imagem binária e, em seguida, atribuiu-se uma etiqueta a essa imagem binária. Depois de atribuir as etiquetas aos objectos, criámos a caixa delimitadora de cada objeto. Depois de encontrar a caixa delimitadora da imagem, esta é cortada da imagem original para obter a imagem da mão sem espaços extra.

O recorte requer dois argumentos, um é a etiqueta do objeto e o outro é a matriz dos valores das coordenadas iniciais e finais do objeto. A caixa delimitadora devolve as coordenadas do pixel inicial e do pixel final do objeto. Ao utilizar os limites da caixa delimitadora, recolhemos o pixel inicial (x1, y1) e o pixel final (x2, y2) da imagem.

4.2 Pré-processamento para dedos

O comprimento e a largura dos dedos são caraterísticas importantes no sistema de reconhecimento da geometria da mão. No sistema proposto, quatro dedos são a região de interesse da geometria da mão, na qual o polegar não está incluído. Antes de calcular o comprimento e a largura dos dedos, é efectuado um pré-processamento para cada dedo. Os mesmos passos de pré-processamento são efectuados para os quatro dedos. Após os passos de pré-processamento, todos os dedos são alinhados numa direção reta para facilitar as medições do comprimento e da largura. Os quatro dedos são tratados como um objeto separado. Os passos de pré-processamento são explicados a seguir.

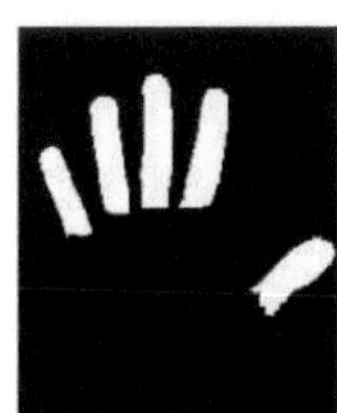

1.14

1.15 Fig.4.2. Imagem binária dos dedos

Como se pode ver na imagem acima, os dedos não estão em posição de obter o comprimento e a largura dos mesmos.

Os seguintes passos são aplicados em todos os dedos

1. Atribuiu etiquetas a cada objeto na imagem.

2. Como os dedos não estão na mesma posição, todos os dedos são rodados horizontalmente para ficarem direitos.

3. A transformada de Hough é aplicada para detetar linhas no objeto e devolver o ângulo da linha [34].

Fig.4.3. Imagem originalFig   .4.4. Transformada de Hough aplicada

Fig.4.5. Rotação utilizando o ângulo de retorno na imagem diluída.

4. Depois de obter o ângulo, rodámos o objeto em conformidade para o tornar direito.

5. Os mesmos passos são repetidos para os quatro dedos.

4.3 Largura dos dedos

A largura dos dedos é outro conjunto de caraterísticas da solução proposta. A largura dos dedos é calculada em três dimensões diferentes, ou seja, na parte superior, média e inferior dos dedos. Para o cálculo da largura do objeto em três posições diferentes, foram encontrados dois pontos estáticos na superfície de cada dedo (figura 4.6). Estes pontos estáticos são adicionados ao valor inicial do 'Y' ou subtraídos ao valor final do 'Y', sendo o valor inicial 0 e o valor final a largura da imagem rodada. Em suma, o comprimento é dividido em três posições. Da mesma forma, a largura é calculada para todos os dedos. É efectuado um total de 12 medições para todos os dedos. Na Fig. 4.6 é apresentado o pormenor do dedo.

Figura 4.6: Dedo dividido em três pontos

4.4 Comprimento do dedo

O comprimento do dedo é também uma caraterística importante da solução proposta. Em quase todos os sistemas de reconhecimento baseados na geometria da mão, o comprimento dos dedos é uma caraterística importante. Para cada imagem da mão, calcula-se um total de quatro medições do comprimento dos dedos, não incluindo o polegar. Como todos os dedos estão deslocados horizontalmente, o comprimento dos dedos é calculado horizontalmente. São medidos dois pontos estáticos na superfície do limite do dedo, os pontos são X1 e X2. X1 representa o valor inicial e X2 representa o valor final do contorno do dedo. A partir daí, calcula-se o comprimento do dedo. Depois de calcular o comprimento do dedo, o resultado é recolhido sob a forma numérica. Na Fig. 4.7 é apresentado o comprimento do dedo.

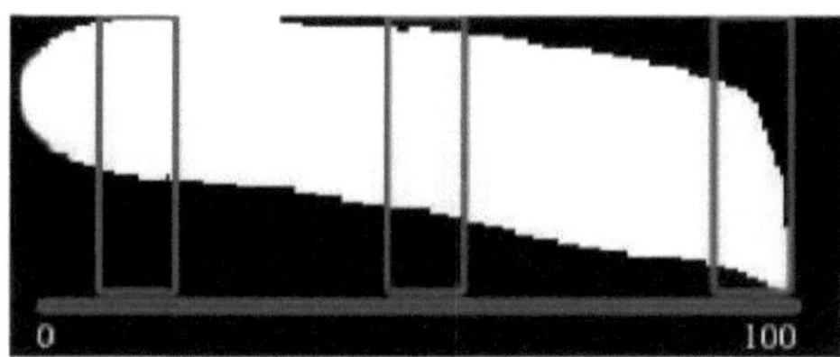

Figura 4.7: Comprimento do dedo

4.5 Largura e altura da palma da mão

O método proposto é um sistema de caraterísticas múltiplas, pelo que o sistema é capaz de extrair várias caraterísticas da mesma imagem. Como a palma da mão faz parte da imagem da mão, a palma foi extraída da imagem da mão através da aplicação de uma operação morfológica na imagem. Depois de aplicar a operação morfológica, os dedos são cortados da imagem e é extraída uma única palma.

Depois de obter a palma da mão a partir da imagem da mão, a caixa delimitadora da palma é detectada. A caixa delimitadora contém os pixéis iniciais do eixo X e do eixo Y, e os pixéis finais do eixo X e do eixo Y. Assim, a largura do objeto é o valor entre os pixels iniciais do eixo X e os pixels finais do eixo X. Do mesmo modo, a altura do objeto é calculada como o valor entre o pixel inicial do eixo Y e o último pixel do eixo Y. A Fig. 4.8 mostra a caixa delimitadora da palma da mão.

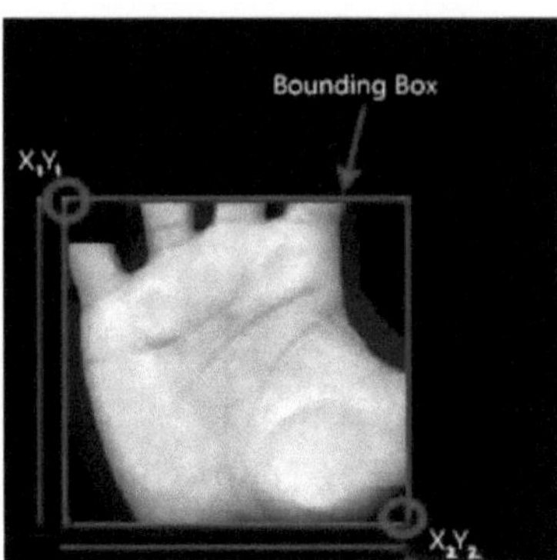

Fig. 4.8 Caixa delimitadora da palmeira

4.6 Rácio de palma

O rácio da palma da mão é uma caraterística importante do sistema proposto. O rácio da palma da mão é medido a partir da superfície interna da mão. O rácio da palma da mão é calculado a partir da altura e da largura da palma da mão respectiva. O rácio da palma da mão é calculado a partir da seguinte fórmula.

Rácio de palma= m/n

Onde "m" é a largura da palma e "n" é a altura da palma.

5. MATCHING

As caraterísticas que são extraídas das imagens de entrada são comparadas com o modelo armazenado na base de dados. As caraterísticas são ponderadas sob a forma numérica. Normalmente, as caraterísticas não correspondem exatamente à base de dados armazenada. Nesta etapa, a semelhança é calculada. Quanto menor for a diferença entre a imagem de entrada e a imagem armazenada na base de dados, melhor será o resultado.

Em 1st passo, o utilizador introduz a sua imagem digitalizada no sistema. O sistema verifica os dados relevantes em relação à imagem fornecida. As caraterísticas da imagem digitalizada são calculadas e armazenadas num vetor de caraterísticas. O sistema faz corresponder esta caraterística da imagem digitalizada com a caraterística armazenada na base de dados.

A correspondência é efectuada utilizando o coeficiente de correlação. r= corr2 (A, B) calcula o coeficiente de correlação entre A e B. O coeficiente de correlação é calculado utilizando a fórmula abaixo indicada [28].

$$ r = \frac{\sum_m \sum_n (A_{mn} - \bar{A})(B_{mn} - \bar{B})}{\sqrt{\left(\sum_m \sum_n (A_{mn} - \bar{A})^2\right)\left(\sum_m \sum_n (B_{mn} - \bar{B})^2\right)}} \tag{5.1} $$

É determinado um limiar predefinido, com base no qual o valor de correspondência é medido. O limiar é calculado após a experimentação de diferentes imagens. No sistema proposto, se o rácio de semelhança for inferior ao limiar predefinido, o sistema rejeita a imagem. No sistema proposto, o limiar é fixado em 6,5, o que significa que, se o rácio de semelhança for inferior ao valor especificado, a correspondência será rejeitada. O rácio de semelhança máximo é de 7,5. O rácio de semelhança é selecionado com base em diferentes testes realizados no conjunto de dados. Com base neste limiar, é calculada a precisão máxima de reconhecimento.

A base de dados é constituída por 10 imagens da mão direita e da mão esquerda de 100 utilizadores. Entre as 10 imagens de um único utilizador, cinco imagens são da mão direita e cinco imagens são da mão esquerda. O vetor de caraterísticas da imagem de entrada é comparado com os modelos armazenados. O valor de semelhança de cada imagem é calculado e armazenado numa matriz. Todos os valores de semelhança calculados são combinados e a média é calculada.

$$ A.S = \sum_{i=1}^{n} (Si)/n \tag{5.2} $$

Em que "A.S" é a semelhança média e n é um número natural de 1 a 5, que representa a semelhança de cinco modelos com a imagem de entrada. A caraterística da imagem de entrada é calculada e comparada com o vetor de caraterísticas armazenado. Não é necessário que a caraterística da imagem de entrada e as imagens armazenadas da base de dados de uma mão sejam as mesmas.

A figura 5.1 mostra as caraterísticas e o rácio de semelhança juntamente com os valores de correspondência percentual. Se a imagem coincidir com a imagem armazenada, o sistema apresenta um sinal de "V" e, em caso de rejeição, o sistema apresenta um sinal de "x" em cruz. O sistema também compara a semelhança de cada palma.

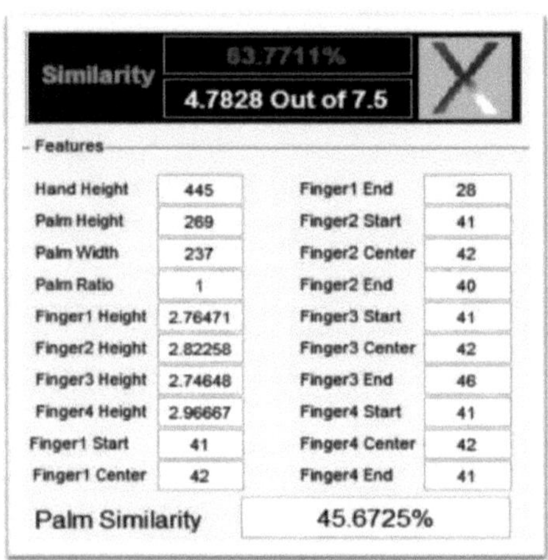

Figura 5.1: Caraterísticas e rácio de similaridade

Na Figura 5.1 são apresentadas todas as caraterísticas de cada imagem que são armazenadas na base de dados durante o processo de correspondência.

A cada caraterística é atribuído um peso. Este peso é utilizado no processamento posterior. O comprimento é considerado como a caraterística mais importante na técnica proposta.

5.2 Decisão

O módulo final da biometria é o módulo de decisão ou módulo de correspondência. O módulo de decisão efectua uma correspondência da imagem/modelo de consulta com o modelo armazenado do indivíduo e atribui-lhes uma pontuação de semelhança. A pontuação de semelhança é calculada com base em cada teste com o modelo armazenado. A pontuação de semelhança é utilizada para decidir o estatuto do indivíduo como utilizador genuíno ou falso. No sistema de verificação, se a pontuação de semelhança for superior a um limiar pré-determinado, o sistema verifica se o modelo específico pertence à mesma pessoa. No sistema de identificação, os modelos da base de dados são comparados com o modelo de consulta de entrada e a pessoa é verificada como um utilizador válido ou falso.

O módulo de decisão é utilizado para tomar decisões sobre os valores pré-calculados e produz resultados sob a forma de aceitação ou rejeição do utilizador. Em algumas aplicações biométricas, quando o utilizador é aceite como um utilizador genuíno, são-lhe concedidos alguns privilégios, como o controlo de acesso.

O sistema proposto toma uma decisão com base na semelhança dos modelos. A semelhança média é calculada a partir de cinco modelos do utilizador. A semelhança média calculada é utilizada para efeitos de decisão. O rácio mínimo de semelhança do sistema é de 87%.

6.   EXPERIÊNCIAS E RESULTADOS

Este capítulo explica o desempenho do sistema proposto em relação a diferentes métricas. O desempenho é calculado utilizando conjuntos de dados de diferentes dimensões. O resultado das experiências realizadas com conjuntos de dados de diferentes dimensões é explicado na secção de resultados e discussão (secção 5.2).

6.1 Conjuntos de dados

As experiências são efectuadas numa base de dados de impressões palmares disponível ao público, recolhida junto do pessoal do IIT Delhi, na Índia. Esta base de dados está disponível para os investigadores. Nas nossas experiências, são selecionadas dez imagens de ambas as mãos de 100 indivíduos, entre as quais quatro imagens de cada mão são selecionadas para treino e uma imagem para teste.

São formados três conjuntos de dados de tamanho variável, ou seja, DS1, DS2 e DS3. O conjunto de dados DS1 é constituído por 250 imagens, das quais 225 são utilizadas para efeitos de treino e as restantes 25 como conjunto de dados de teste. O DS2 é constituído por 350 imagens, das quais 315 são utilizadas para treinar o classificador e 35 para testar. Do mesmo modo, o DS3 é composto por 400 imagens, das quais 360 para treino e 40 para teste.

Tabela 6.2: Conjunto de dados em função do tamanho

S.#	Dataset	Training Set	Testing Set
1	**DS1 (250)**	225	25
2	**DS2 (350)**	315	35
3	**DS3 (400)**	360	40

6.2 Resultados e discussões

Inicialmente, para fins experimentais, o sistema foi testado num conjunto de dados de 250 imagens de 25 utilizadores. As imagens são de ambas as mãos, sem quaisquer pinos. São recolhidas e utilizadas 10 imagens de cada utilizador da mão direita e da mão esquerda para efeitos de comparação. Cada imagem do utilizador é armazenada com o nome e o número do utilizador. O sistema utiliza 225 imagens como conjunto de treino e 25 imagens como conjunto de dados de teste.

Para calcular a eficácia do sistema, são calculadas as taxas de falsa aceitação e de falsa rejeição. A taxa de falsa aceitação é obtida através da aceitação de utilizadores falsos como utilizadores genuínos pelo sistema, enquanto a taxa de falsa rejeição é obtida através da rejeição de utilizadores genuínos como utilizadores falsos.

Os utilizadores são instruídos a colocar a palma da mão na posição correta. Se uma parte da palma da mão for colocada fora do scanner, isso afectará o cálculo das caraterísticas. O sistema aceita uma ligeira variação; no entanto, o sistema não é totalmente invariável em termos de rotação. A forma correta e incorrecta da palma da mão é mostrada nas figuras 6.1 e 6.2.

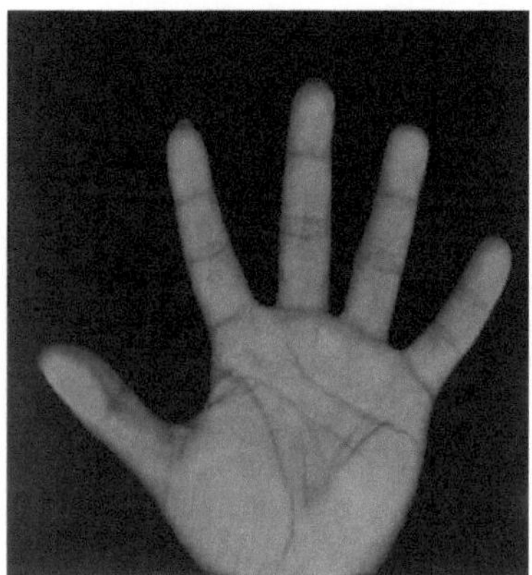
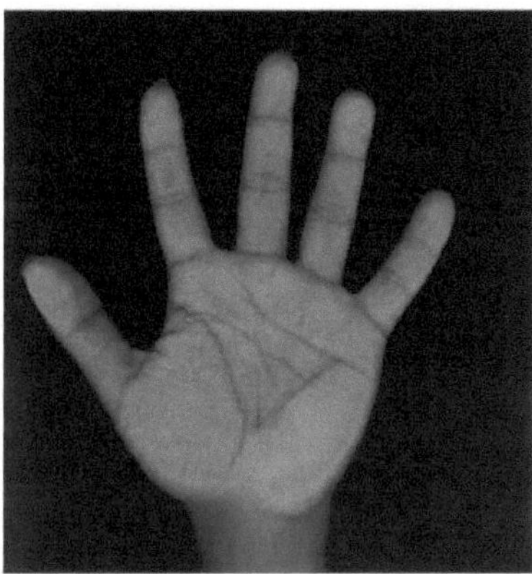

Figura 6.1: Imagem direita da palma da mão
Figura 6.2: Imagem incorrecta da palma da mão

A partir da base de dados armazenada, são selecionados alguns modelos de amostra do mesmo utilizador e de utilizadores diferentes, que são apresentados em seguida.

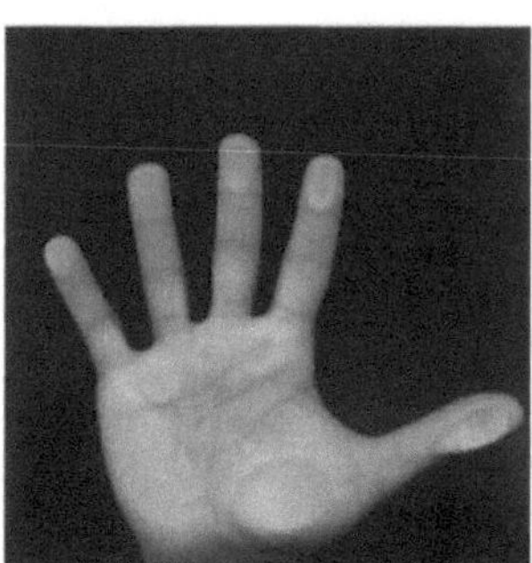
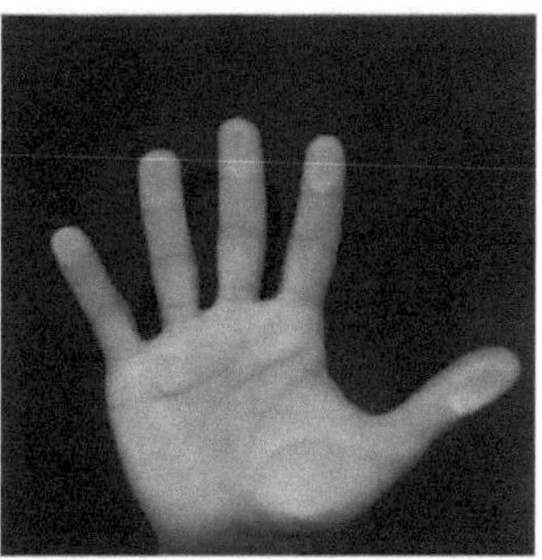

Figura 6.3. Modelo de amostra de AARID1
Figura 6.4. Modelo de amostra de AARID2

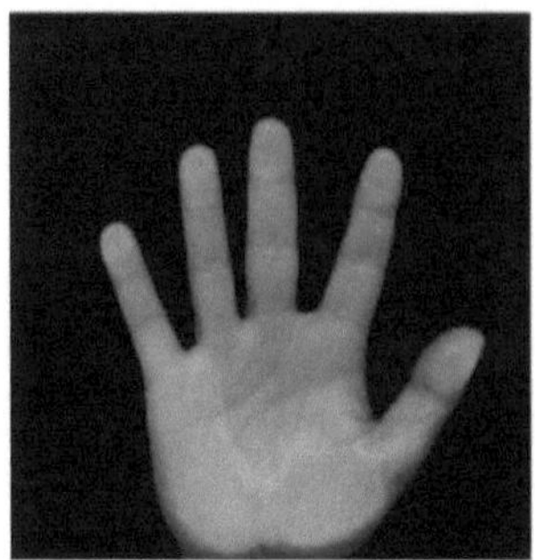 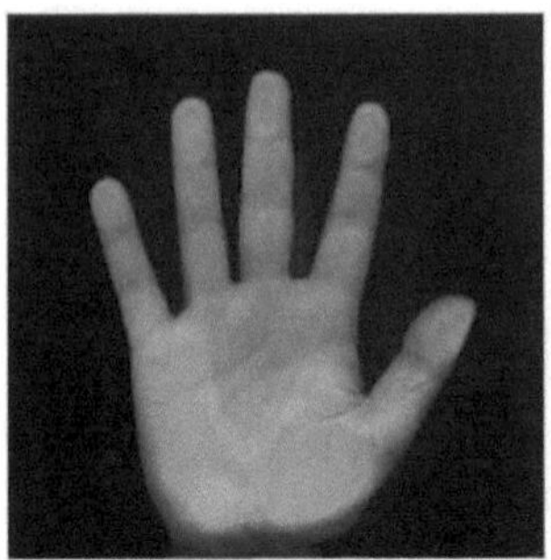

Figura 6.5: Modelo de amostra de BEAU1
Figura 6.6: Modelo de amostra do BEAU2

Uma vez que cada imagem na base de dados é armazenada com o nome do utilizador e uma identificação única, o sistema pode mostrar o nome e a identificação do utilizador depois de este ser aceite como genuíno.

A representação gráfica do sistema é apresentada na Figura 6.7, na qual são mostrados todos os componentes do sistema. Existem quatro painéis do sistema que apresentam caraterísticas diferentes. O sistema processa cada imagem e calcula as suas caraterísticas.

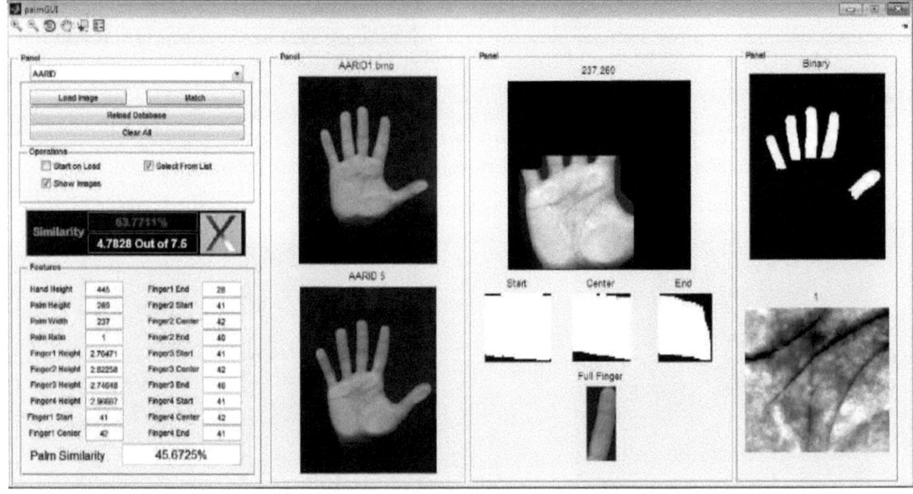

Figura 6.7: Representação gráfica do sistema

Na figura 6.7, o sistema está dividido em quatro painéis. O painel 1 mostra todas as caraterísticas com valores e também a decisão do sistema sobre a autenticação do utilizador, se a imagem do utilizador corresponde ou é rejeitada. No painel 2, são apresentadas a imagem de entrada e os modelos armazenados. No painel 3 e no painel 4, as imagens de entrada são processadas para diferentes técnicas de extração de caraterísticas.

Na tabela 6.2 é apresentada uma comparação entre a FAR e a FRR do sistema proposto e outros algoritmos.

Tabela 6.3: comparação de diferentes técnicas no que respeita a FAR e FRR

S.#	ALGORITHM	DATA SET	FAR	FRR
1	Proposed System	250	0.06	0.03
2	Bimodal System [20]	100	0.43	0.06
3	Dynamic Time Wrapping [16]	100	0.12	0.11

Na fig. 6.8 mostra-se claramente que o FAR e o FRR do sistema proposto são menores do que os de outros algoritmos, o que indica a fiabilidade do sistema.

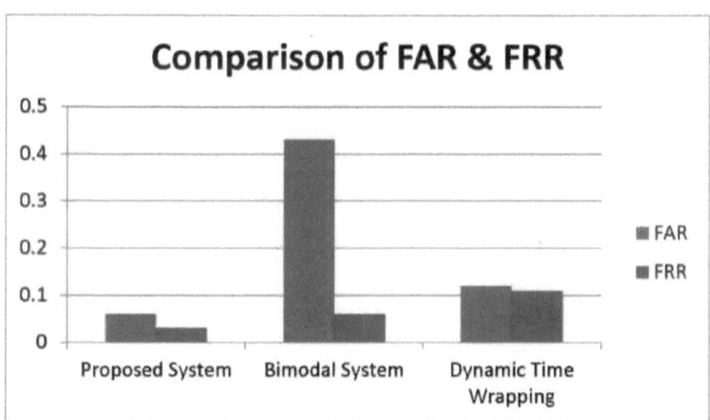

Figura 6.8: Comparação de FAR e FRR

A Tabela 6.3 ilustra a taxa de precisão do sistema proposto em comparação com outros. A precisão do sistema é calculada e comparada com a de outros algoritmos. O sistema proposto apresentou resultados encorajadores. O sistema proposto produz uma exatidão de 95,4%. A exatidão do sistema é calculada utilizando a seguinte fórmula.

ACC= (TP+TN) / P+N   (6.1)
ACC= (235+242/250+250)* 100   (6.2)
ACC= 95,4%

Tabela 6.4: Estudo comparativo em termos de exatidão

S.#	ALGORITHM	DATA SET	ACCURACY
1	Proposed System	250	95.4%
2	Dynamic Time Wrapping [16]	200	89%
3	Bimodal System[20]	100	90%

O sistema proposto foi testado de forma incremental num conjunto de dados de 250, 350 e 400 imagens, respetivamente. O sistema produz o mesmo resultado com uma pequena variação no tempo de processamento. Os testes experimentais efectuados em conjuntos de dados de diferentes dimensões mostram que a eficiência do sistema proposto não diminui muito com o aumento da dimensão da base de dados.

6.3 Tempo de computação

O método proposto foi verificado num computador Core i3 com um processador de 2,6 GHz e 4 GB de RAM, utilizando o MATLAB 2012. O algoritmo demorou cerca de 0,6 segundos a executar cada processo. Envolve cálculos simples e diretos.

7. CONCLUSÃO

O principal objetivo deste trabalho foi avaliar e melhorar a autenticação biométrica baseada no reconhecimento da mão. Os modelos mais avançados são estudados e os seus pontos fortes e fracos são identificados. As aplicações da autenticação biométrica baseada no reconhecimento da mão são discutidas em pormenor. São explicadas as diferentes metodologias atualmente utilizadas nos sistemas de autenticação biométrica.

Nesta tese, é desenvolvido um sistema de verificação para autenticação da mão. O sistema proposto baseia-se nas caraterísticas geométricas e palmares da mão. As caraterísticas geométricas, como o comprimento e a largura da mão, o comprimento e a largura dos dedos, são calculadas e combinadas com o rácio e o comprimento da palma da mão. No total, são extraídas 20 caraterísticas diferentes de uma única palma. Utilizando o coeficiente de correlação, é efectuada a correspondência entre a imagem de entrada e os modelos armazenados. O sistema foi testado em três tamanhos diferentes de conjuntos de dados, ou seja, 250, 350 e 400 imagens. São recolhidas 10 imagens de cada utilizador das mãos direita e esquerda, entre as quais são selecionadas 5 imagens para efeitos de comparação. O sistema de verificação calcula as caraterísticas da imagem de entrada e compara-as com as caraterísticas das imagens armazenadas. A FAR é calculada aceitando o utilizador falso como um utilizador genuíno, a FRR é obtida rejeitando o utilizador genuíno como um utilizador falso.

Avaliámos o desempenho da abordagem de reconhecimento de mãos proposta em termos de precisão, taxa de reconhecimento, FAR, FRR e tempo de execução e também comparámos o resultado com as abordagens existentes. Conclui-se do resultado das experiências que a seleção de caraterísticas e a utilização de um classificador adequado podem ter um efeito encorajador no desempenho do sistema. O resultado da abordagem proposta foi bastante encorajador e o sistema pode ser implementado em qualquer organização para efeitos de autenticação e identificação.

Trabalho futuro

Neste trabalho foi proposta uma nova abordagem para o reconhecimento da mão. As caraterísticas bimodais são obtidas a partir de uma única imagem. O desempenho global da abordagem proposta é encorajador. No entanto, ainda há espaço vago para mais melhorias. São apresentadas algumas sugestões para futuras contribuições.

1. A abordagem proposta depende principalmente de caraterísticas geométricas, mas as caraterísticas estruturais também podem ser integradas nas caraterísticas propostas.

2. As veias da palma da mão também podem ser incorporadas no conjunto de caraterísticas

proposto para maior robustez.

3. A abordagem proposta pode ser melhorada através da minimização do tempo de processamento e da melhoria da taxa de reconhecimento.

Referências

[1]   Rahib H e Abiyev, Koray Altunkaya, "Neural Network Based Biometric Personal Identification," Frontiers in the Convergence of Bioscience and Information Technologies 2007.

[2]   D. Zhang, "Automated Biometrics Technologies and Systems", Kluwer Academic Publishers, Dordrecht, 2000.

[3]   Zhang D. Kong W.K., You J., Wong M, "Online Palmprint Identification," IEEE Trans.PAMI 25 (2003) 1041-1050.

[4]   G. Amayeh, G. Bebis, Ali Erol, M. Nicolescu " Hand-Based Verification and Identification Using Palm-Finger Segmentation and Fusion," Computer Vision and Image Understanding ,Vol. 113, issue 4, April 2009, pages 477-501.

[5]   Jani, Ross e Prabhakar "An Introduction to Biometric Recognition", IEEE Transaction On Circuits And Systems For Video Technology, janeiro de 2004.

[6]   Vivekyadav "Design of Hand Geometry Based Verification System," julho de 2010.pp 12-14

[7]   Biometric Technology Application Volume One: Biometric Basics Compilado e publicado pelo National Biometric Security Project Atualizado no verão de 2008.

[8]   R. Jafri, A. H. R. Arabnia, "A Survey of Face Recognition Technique" Journal of Information Processing Systems, vol. 5, no. 2, pp. 41-68, junho de 2009.

[9]   A. Kholmatov. "Biometric Identity Verification Using Online & Offline Signature Verification", tese de mestrado, Universidade Sabanci, 2003.

[10]   Anil K. Jain, S. Pankanti, S. Prabhakar e A. Ross. "Recent Advances in Fingerprint Verification" (Avanços recentes na verificação de impressões digitais). Em AVBPA, páginas 182-191, 2001.

[11]   L. Birgale e M. Kokare. "Iris Recognition Using Ridgelets," Journal of information processing system vol 8, no 3, setembro de 2012.

[12]   L. Z.a. D. Zhang, " Characterization of Palmprint by Wavelet Signature via Diretional Context Modeling," IEEE transaction on Systems, Man and Cybernetics, vol. 34, no. 3, pp. 1576-1584, 2004.

[13]   A. Babich, "Biometric Authentication: Types of Biometrics," Universidade de Ciências Aplicadas, Haaga Helia, 2012.

[14]   S. P. Banerjee e D. L. Woodard, "Biometric Authentication and Identification Using Keystroke

Dynamics: A Survey", Journal of pattern recognition research, vol. 7, no. 10, pp. 116139, 2012.

[15] D. Z. a. W. Shu, "Two Novel Characteristics in Palmprint Verification: Datum Point Invariance and Line Feature Matching", Pattern Recognition, vol. 32, no. 4, pp. 691-702, 1999.

[16] C. Methani, "Camera Based Palmprint Recognition," Índia: Instituto Internacional de Tecnologia da Informação, 2010.

[17] Bulatov Y , Jambawalikar S, "Hand Recognition Using Geometric Classifiers", ICBA-04, Hong Kong China ,pp 753-759, julho de 2013.

[18] Aghili Bahareh and Sadjedi Hamed "Personal Authentication Using Hand Geometry" Department of electrical engineering. Universidade Shahed de Teerão, Irão IEEE Transaction, 2009.

[19] Mostayed Ahmed, Kabirt Ekramul Md, "Biometric Authentication from Low Resolution Hand images Using Radon Transform", Proc. Da 12.ª conferência internacional sobre computadores e tecnologias da informação (ICCIT 2009) Dhaka, Bangladesh, transação IEEE, pp.587-592, dezembro de 2009.

[20] Fong Lai Leong e Seng Chaw Woo "A Comparison Study On Hand Recognition Approaches", International Conference Of Soft Computing And Pattern Recognition, IEEE Transaction pp 160-166, 2009.

[21] Karen H. suaverde e Dr. Vladimir y. Mariano, "Biometric Identification Using Hand Geometry Features", Problema especial CMSC 190, instituto de ciências da computação, 2007.

[22] Dewi Yanti Liliana, Eires Tri Utaminingsh, "The Combination of Palm Print and Hand Geometry for Biometric Palm Recognition", revista internacional de processamento de vídeo e imagem e segurança de rede IJVIPNS-IJENS, Vol: 12 No: 01, fevereiro de 2012.

[23] Tee Connie, Andrew Teoh Beng Jin, Michael Goh Kah Ong, David Ngo Chek Ling, "An Automated Palm Print Recognition System", Image and Vision Computing , Vol.23, pp.501515,2005

[24] H. Imtiaz, S. Aich, S. A. Fattah, "A Novel Pre-Processing Technique Or Dct Domain Palmprint Recognition", International Journal of Scientific & Technology Research, Vol.1, Issue 3, pp.31-35, 2012.

[25] Selvarajan S. e Palanisamy V. "Human Identification and Recognition System Using More Significant Hand Attributes", Proc da Conferência Internacional sobre Engenharia Informática e de Comunicações Kuala Lumpur, Malásia IEEE Transaction, pp 1211-1216, maio de 2008.

[26] Ajay Kumar e David Zhang. Integração de forma e textura para verificação da mão. In ICIG'

04: Proceedings of the Third International Conference on Image and Graphics (ICIG' 04), pages 222-225, Washington, DC, US A, 2004.IEEE Computer Society.

[27] X. Wu, K. Wang, D. Zhang, "HMMs based palm print identification", Springer, vol. 3072, 2004, pp. 775-781.

[28] De-Shuang Huang, Wei Jia, David Zhang "Palm print verification based on principal lines" Pattern Recognition 41 (2008) 1316 - 1328.

[29]   Ajay Kumar, David C.M. Wong, Helen C. Shen, Anil K. Jain "Personal Verification Using Palm print and Hand Geometry Biometric", Volume 2688, 2003, pp 668-678.

[30]   Jie Wu e Zhengding Qiu "A Hierarchical Palm print Identification Method Using Hand Geometry and Grayscale Distribution Features", Pattern Recognition, 2006. ICPR 2006. 18ª Conferência Internacional sobre (Volume:4), 409-412.

[31]   Yaroslav Bulatov, Sachin Jambawalikar , Piyush Kumar e Saurabh Sethia "hand recognition using geometric classifier".

[32]   Marcos Faundez-Zanuy e Guillermo Mar Navarro Mérida , "Biometric Identification by Means of Hand Geometry and a Neural Net Classifier".

[33]   Ahmed Mostayed e Sikyung Kim, "A peg free hand shape authentication scheme with radon transform," International Journal of the Physical Sciences Vol. 6(27), pp. 6303-6314, 2 de novembro, 2011

[34]   Dagao Duan, Meng Xie ; Qian Mo ;Zhongming Han ; Yueliang Wan, "An improved Hough transform for line detection," Computer Application and System Modeling (ICCASM), 2010 International Conference on (Volume:2), pp V2-354 - V2-357.

[35]   "Caixa de ferramentas de processamento de imagens". Internet:

https://nf.nci.org.au/facilities/software/Matlab/toolbox/images/corr2.html, [03 Dez 2014].

[36] D. Z. X. Z. Q. L. Wen Xin, " Palmprint Recognition based on Fourier Transform," Journal of Software, vol. 13, no. 5, pp. 879-886, 2002.

[37] S. V. R. S. K. Vaidehi, "Transform based Approaches for Palmprint Identification," IJCA, vol.41, no.1, pp. 1-5, 2012.

[38] M. P. Dale, "A Single Sensor Hand Geometry and Palm Texture Fusion for Person Identification," IJCA, vol.42, no.7, pp. 11-16, 2012.

[39] http://www4.comp.polyu.edu.hk-csajaykr/IITD/Database_Palm.html. Universidade

Politécnica de Hong Kong. 05 de abril de 2013.

[40]   http://www4.comp.polyu.edu.hk-biometrics/2D_3D_Palmprint.html. Universidade
Politécnica de Hong Kong. 14 de dezembro de 2012.

[41]   S. A Tabatabaei "A Novel Method for Binarization of Badly Illuminated Document Images," in
17th IEEE International Conference on Image Processing, Hong Kong 2010.

[42]   D. Zhang, Palmprint Authentication, EUA: Kluwer Academic Publishers, 2004.

yes
I want morebooks!

Buy your books fast and straightforward online - at one of world's fastest growing online book stores! Environmentally sound due to Print-on-Demand technologies.

Buy your books online at
www.morebooks.shop

Compre os seus livros mais rápido e diretamente na internet, em uma das livrarias on-line com o maior crescimento no mundo! Produção que protege o meio ambiente através das tecnologias de impressão sob demanda.

Compre os seus livros on-line em
www.morebooks.shop

Printed by Books on Demand GmbH, Norderstedt / Germany